La philosophie de l'*Ánanda Márga,*

Volume 1

L'emblème de l'Ánanda Márga représente son idéologie. Le triangle pointant vers le haut marque l'action, s'exprimant par un service désintéressé à toute la création ; celui pointant vers le bas, la connaissance intérieure, issue de la méditation spirituelle. L'association des deux permet un progrès sur tous les plans, aboutissant à l'éveil, représenté par le soleil levant et s'achevant par la victoire spirituelle, but du pratiquant symbolisé par la croix svastika.

LA PHILOSOPHIE de l'*ÁNANDA MÁRGA*,

le Chemin jusqu'au Royaume de la Béatitude

*Une récapitulation
volume 1*

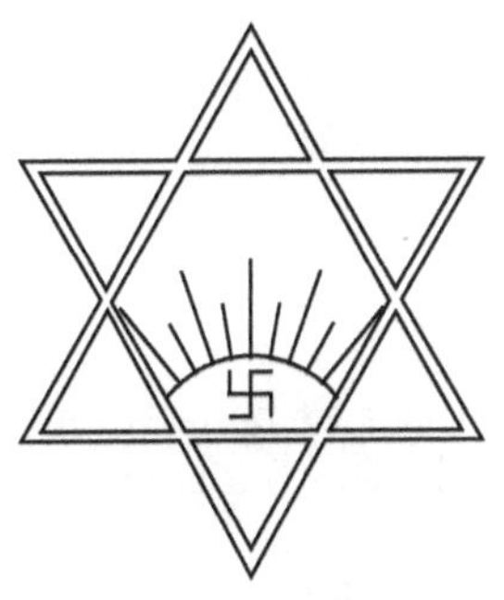

SHRII SHRII ÁNANDAMÚRTI

Préface

Shrii Shrii Ánandamúrti, Prabhat Ranjan Sarkar de son nom civil, philosophe et maître de yoga, est l'auteur de plus de deux cents ouvrages, notamment : un ouvrage définissant un Nouvel Humanisme, une théorie sociopolitique « de l'Utilisation progressiste » (TUP), plus de cinq mille poèmes, surtout bengalis, mis en musique, les *Prabhát Saṁgiit*, un ouvrage sur les microvita, concept qui rassemble science et psychospiritualité, des ouvrages purement spirituels, en particulier des commentaires sur les principales oupanishads, d'autres sur l'histoire de la religion, des ouvrages de philologie, un dictionnaire encyclopédique du bengali (inachevé), etc. (voir p. 114).

Il a fondé l'association *Ánanda Márga Pracáraka Saṁgha* (« Société pour la propagation de la Voie de la Félicité ») (en 1955) et l'ordre spirituel associé (1962), ainsi que l'association d'aide humanitaire AMURT (1965) qui œuvre aujourd'hui dans le monde entier par ses programmes de secours et de développement.

Dans la première partie de cet ouvrage, l'auteur nous présente la philosophie spirituelle traditionnelle de l'Inde de façon simple et pédagogique, tout en y apportant sa part par un complément répondant aux lacunes de celle-ci. La deuxième partie présente un approfondissement ou une explication de l'origine des phénomènes de la création, de la vie et de l'évolution.

Cette série a vu le jour en 1987 avec la compilation par l'auteur de ses conférences par thèmes. Ce volume comprend les cinq premiers chapitres de l'ouvrage *L'Ánanda Márga – le Chemin jusqu'au Royaume de la Béatitude –, philosophie élémentaire* (qui en comprend neuf), écrit en 1955, et les deux premiers chapitres d'*Idée et Idéologie* (qui en comporte onze), écrit en 1959 (et publié sous son nom civil).

Note de la traductrice

Les cinq premiers chapitres ont été traduits en français directement de l'ouvrage original bengali (il est à noter que la version anglaise n'est pas exactement la traduction de cet ouvrage bengali mais une simple révision d'une double traduction d'une première version[1] de celui-ci (l'auteur a entièrement réécrit l'ouvrage peu de temps après la sortie de la première version).

Ils forment par ailleurs une base servant d'introduction aux deux premiers chapitres d'*Idée et Idéologie* (qui se poursuit dans le volume deux), texte plus difficile, anglophone mais comprenant également de nombreux termes sanscrits. Cet ensemble de discours fut, lui, prononcé en anglais et hindi, pris en notes, les parties nécessaires traduites, puis mis en forme par certains auditeurs avant d'être amendé ou réécrit par l'auteur avant validation.

Notez que les parties entre crochets [ ] ainsi que tous les schémas avec leurs légendes sont des ajouts de la traductrice. Les termes en italique sont les mots originaux.

Nous avons utilisé le / pour indiquer une traduction alternative, le lecteur pourra donc lire « a/b » par « a ou b » ou bien par « a, b » selon ce qui s'impose.

Transcription latine du bengali et du sanscrit p. 111.

Vous trouverez une table des matières détaillée à la fin du volume (p. 120).

O. Jyotsná Caujolle

---

[1] Notes d'un enseignement oral et comprenant de nombreuses réponses aux questions posées et les répétitions d'un tel enseignement.

Le commandement suprême

Méditer deux fois par jour régulièrement nous assure de penser à Dieu au moment de la mort et d'atteindre ainsi à lui. Tout aspirant à la félicité éternelle doit donc méditer deux fois par jour, c'est le commandement du Seigneur.

Sans conduite morale, on ne peut méditer, suivre les principes moraux spirituels[2] est donc également le commandement du Seigneur. Refuser ce commandement n'est rien d'autre que se jeter dans les affres de la vie animale pour des millions d'années.

Pour que personne ne subisse de tels tourments, que chacun puisse jouir de la Paix éternelle sous la protection aimante de Dieu, c'est le devoir de chaque pratiquant de s'efforcer d'amener tout le monde sur le bienfaisant chemin de la Félicité. Conduire autrui à la voie juste fait partie intégrante de la pratique spirituelle.

Shrii Shrii Ánandamúrti

---

[2] *Yama-niyama,* l'éthique yoguique (p. 108). (ndt).

Sommaire

1. Quelle est la nature humaine ?
(Dharma kii)

L'être humain est au sommet de l'échelle de l'évolution et l'étendue de son intelligence le rend supérieur aux autres êtres vivants. Sa conscience lui permet de discerner le bien du mal et de chercher les moyens de se sortir de ses difficultés. Personne ne veut, frappé par l'adversité, vivre dans le malheur. En réalité, la nature même de l'homme est la recherche du bonheur. Voyons maintenant ce que fait l'être humain pour atteindre au bonheur et si cela lui permet de l'obtenir.

Dans sa recherche du bonheur, l'homme est tout d'abord attiré vers les plaisirs de ce monde. Il amasse des biens puis s'efforce d'acquérir du pouvoir et de l'influence pour assouvir son désir. Mais rien de tout cela ne lui procure le bonheur. Celui qui a aujourd'hui une certaine somme d'argent veut en posséder des milliers de fois plus. Ce genre de besoins augmente progressivement tant qu'on ne s'y oppose pas. Ainsi, celui qui a obtenu du pouvoir dans sa région veut du pouvoir au niveau national ; de la même manière, les dirigeants nationaux veulent diriger au niveau fédéral et ceci fait, monte en eux le désir de gouverner le monde. Cela veut dire que les richesses, les honneurs et la célébrité, l'influence et le pouvoir, limités, ne peuvent assouvir l'aspiration humaine et, qu'au lieu de cela, ne font que sans cesse augmenter le désir de satisfactions terrestres. Il s'ensuit que le désir illimité de l'homme reste inassouvi. Aussi grandes que soient la richesse et la gloire que l'on a obtenues, elles ne peuvent satisfaire complètement l'esprit humain, ardemment désireux d'un bonheur infini. Ceux qui courent après la richesse et les honneurs, la célébrité, le renom, etc. ne s'en satisferont pas tant qu'ils n'en auront pas reçu une quantité illimitée. Or la Terre tout entière est une entité limitée, par conséquent, tout ce qui est terrestre est nécessairement limité. On ne peut donc pas s'en procurer des quantités illimitées. Aussi grande que soit une acquisition terrestre, serait-ce la Terre tout entière, elle est ni infinie, ni éternelle. Quelle est alors l'entité éternelle qui peut procurer à l'être humain un bonheur sans fin ?

Dieu seul est infini et éternel, et c'est en l'obtenant que l'être humain peut étancher sa soif d'infini. La gloire, les honneurs, l'influence et le pouvoir sont transitoires, ce qui nous amène à conclure qu'assurément, aucun moyen terrestre limité ne peut satisfaire pour toujours le désir perpétuel de l'homme d'un bonheur sans fin. Seule la conquête de Dieu, entité éternelle, le peut. En réalité, derrière le désir sans fin de jouissance de l'être humain se trouve dissimulé le désir de Dieu. Rechercher Dieu est donc ce que doit faire *(dharma)* l'homme, c'est la nature *(svabháva)* même de chaque être humain.

Le sens intrinsèque du mot *dharma* est : caractéristique/particularité ou qualité/propriété naturelle ; on dirait nature *(nature)*, caractéristique *(characteristic)* ou propriété *(property)* en anglais. La nature du feu est de brûler. On ne peut séparer le feu de sa nature et il en est exactement de même de l'homme et de sa nature qui est de vouloir connaître Dieu.

La conscience plus claire de l'homme est l'expression de sa nature divine. Cependant, parce que la vie humaine est née d'une évolution à partir de l'étape de la vie animale, l'on observe deux mouvements dans les tendances de l'être humain : un mouvement vers la matière qui le tire vers l'animalité et un mouvement contraire de nature subtile qui le délivre de l'humiliation de cette animalité. Dans sa vie animale, sous la pression de son animalité, attiré vers les plaisirs grossiers qui ne peuvent étancher sa soif d'infini, l'être humain veille à manger, à boire, etc. Chez les animaux, le désir de jouissance n'est pas infini, ils sont pleinement satisfaits par ces plaisirs limités. S'il y a abondance de nourriture, les animaux ne prennent pas plus que leurs besoins. Tandis que l'être humain agit assurément différemment dans une situation identique. Nous voyons donc que le désir de plaisir, limité chez l'animal, est sans limite chez l'être humain bien qu'il s'exprime chez l'un et l'autre sous l'impulsion de l'animalité.

C'est l'esprit développé de l'homme qui le distingue de l'animal. Le constant désir d'un plaisir sans fin de l'être humain, provenant de son esprit développé, n'est pas comblé par les richesses et les plaisirs terrestres, le pouvoir, l'influence, etc. limités et transitoires, et le pousse peu à peu à rechercher la béatitude divine. Il y a en l'être humain un constant conflit entre sa conscience discriminante et son animalité. L'animalité le pousse vers les plaisirs de nature terrestre tandis que sa conscience insatisfaite le pousse de façon ininterrompue sur le chemin menant à Dieu. Si les objets de plaisir obtenus par le pouvoir et l'influence étaient illimités, ils mettraient un terme à sa perpétuelle quête de bonheur mais ils ne le sont pas : aussi importante que soit la valeur d'un bien temporel, elle est transitoire, elle ne peut installer l'esprit humain dans la paix éternelle, l'immerger dans la béatitude universelle.

Sa conscience plus claire différencie l'homme de l'animal. Ne doit-il pas alors utiliser cette conscience soigneusement et comme il se doit ? S'il la laisse rester cachée, profondément endormie sous son animalité, sa conduite ne peut assurément que rétrograder à l'état animal. Il est alors en réalité inférieur à un animal parce que tout en étant dans la situation de profiter d'une conscience pleinement développée, il ne saisit pas sa chance. De tels individus ne méritent certainement pas l'appellation d'être humain, ce sont des sortes d'animaux à forme humaine.

La nature de l'esprit/la conscience est de rechercher instamment l'état divin de l'Entité suprême. Ceux qui agissent sous l'inspiration de leur pleine conscience, méritent le nom d'être humain et verront sans aucun doute que le but de chacun est le seul et unique Dieu éternel. Ce désir de connaître Dieu est ce qui caractérise la nature humaine.

On trouve le bonheur en satisfaisant son désir. L'être humain qui n'obtient pas ce qu'il désire est malheureux. Il peut affranchir sa conscience plus claire de l'humiliation de la vie animale par une pratique spirituelle assidue, et c'est ainsi en s'appliquant à connaître Dieu, par l'effort persistant en ce sens, que l'être humain atteint au véritable bonheur.

Nous concluons de cette réflexion que la nature humaine, la religion universelle, consiste à connaître Dieu, l'Éternel. C'est seulement par la pratique régulière et appliquée de cette nature que l'être humain peut atteindre à la Paix, au bonheur éternel.

La nature ou caractéristique intrinsèque de l'homme étant de connaître Dieu, il est sans aucun doute nécessaire de s'assurer que Dieu existe car s'efforcer d'obtenir quelque chose qui n'existerait pas serait vain. De plus, si Dieu existe, nous devons savoir ce qu'il est.

À première vue, tout ce que fait un individu semble l'être par ses organes physiques. Par organes, nous désignons les dix organes des facultés sensorielles et motrices[1]. Bien qu'ils semblent être les auteurs de tout effort d'action d'une personne, ils

---

[1] *(indriya)* : les cinq organes des sens et les cinq organes des facultés motrices (bouche, mains, pieds, organe sexuel et anus) (pour : l'élocution, la préhension, le déplacement, la procréation et l'excrétion). (ndt)

n'en sont pas les véritables sujets. Si la pensée est inactive, les organes ne peuvent pas d'eux-mêmes effectuer la moindre action : c'est la pensée qui agit, les organes ne sont que de simples instruments. Ils manifestent extérieurement une action produite dans la pensée. Par exemple, quand on lit un livre, ce ne sont pas les yeux qui voient, de même que, dans l'état d'inconscience, parce que la pensée n'est pas derrière eux, les yeux, mêmes ouverts et en bonne santé, n'effectuent pas leur action habituelle. C'est ainsi que sous l'effet d'une drogue rendant inconscient, la motricité et la sensorialité corporelles demeurent inactives, en dépit de l'état parfaitement sain des organes sensori-moteurs. Il est fréquent, quand on est absorbé dans ses pensées, qu'on ne remarque pas une personne en face de soi ou qu'on tarde à reconnaître un ami. Là, la seule cause à l'inattention de l'instrument qu'est l'organe sensoriel est que le véritable auteur de l'action [la pensée] ne le met pas en action.

Voyons maintenant ce qui se passe au niveau de la pensée quand celle-ci, auteur véritable de l'action, agit à l'aide des organes sensorimoteurs. La pensée effectue l'action de regarder un livre avec ces organes. Quand la pensée regarde un livre à l'aide des yeux, elle prend la forme du livre. Cette forme mentale est quelque chose d'un peu différent de l'image qui se reflète sur la rétine puisque la pensée peut, si elle le souhaite, se remémorer l'image du livre les yeux fermés ; par contre, si la pensée est inactive, les yeux le sont aussi. Ainsi, quand la pensée/psychisme regarde le livre, une partie d'elle prend la forme du livre ; on appelle cette partie le substrat mental (*citta* [« ce qui est pensé »]). Puisque le substrat mental prend la forme du livre, c'est une autre entité que lui qui regarde. On appelle la partie du psychisme qui regarde, le moi ou je *(ahaṁ-*

tattva[1]) [sujet agissant]. Néanmoins, s'il n'y a pas de conscience de l'existence du je, rien ne peut s'effectuer en son nom ; cela signifie qu'on doit admettre la présence d'une entité se rajoutant au substrat mental et au je. Cette troisième partie du psychisme, conscience de l'existence du je, on la nomme le « grand principe » *(mahattattva)*. En l'absence de conscience de l'existence ou conscience de soi, on ne peut effectuer la moindre action ; le grand principe manifeste clairement cette conscience. On appelle l'ensemble de ces trois parties, le psychisme[2]. Ces trois parties constituent à elles seules l'entière manifestation du psychisme.

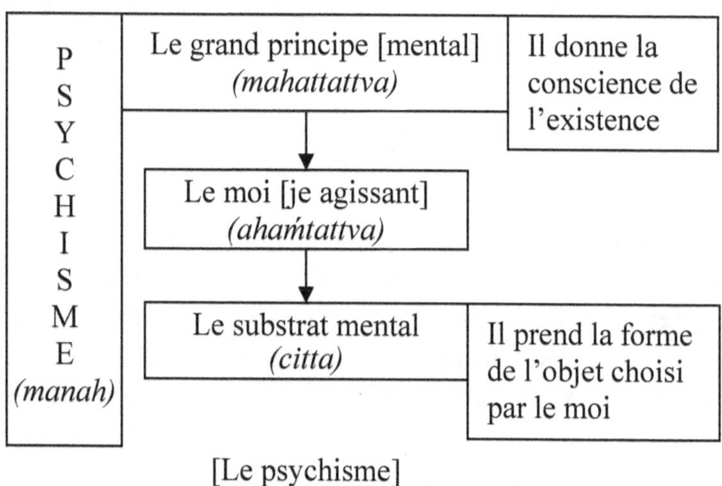

[Le psychisme]

Le fait de voir s'effectue grâce à la pensée, au psychisme. On peut expliquer cette activité en disant qu'elle consiste à donner une forme mentale aux ondes élémentaires *(tanmátra)* transmettant l'aspect visuel de quelque chose.

La notion d'ondes élémentaires, nouvelle ici, mérite quelques explications. On appelle onde élémentaire *(tanmátra)*, la

---

[1] Le terme *ahaṁ-tattva* (« le *tattva* je ») renvoie à la théorie du Sáṁkhya qui dénombre vingt-quatre *tattvas* ou constituants principaux. (ndt)

[2] *mana* ou *antahkaraṅa* (« l'instrument intérieur »). (ndt)

forme subtile de l'objet physique que les organes des sens transmettent au substrat mental. Pour expliquer ceci plus précisément, disons que lorsqu'on regarde de ses yeux un objet, les ondes élémentaires transmettant l'apparence visuelle de l'objet entretiennent la forme de l'objet dans le support qu'est le substrat mental (et le maintien de cette forme subtile de l'objet, produite par la vibration du nerf optique, est ce qui permet la compréhension de l'idée [de l'objet]).

Les yeux fermés ou dans l'obscurité, on peut cependant percevoir un objet, par le toucher. On prend alors connaissance de l'objet par une autre onde élémentaire, celle du toucher. On peut, de même, connaître ou reconnaître un objet hors d'atteinte et de sa vision et de son toucher [(par le son par exemple)].

Le substrat mental dépend du moi pour que se manifestent en lui les ondes élémentaires : le choix de l'objet, le fait de regarder dépendent du moi, parce que le substrat mental ne peut effectuer la moindre action de lui-même. Quand le moi/le je qui est la partie agissante du psychisme regarde quelque chose, il met le substrat mental en présence du nerf optique. L'œil reçoit alors les ondes élémentaires de l'aspect visuel de l'objet. Ces ondes élémentaires densément présentes dans l'environnement s'écoulent continuellement sous la forme d'une onde à travers l'œil, jusqu'à venir frapper le réceptacle que constitue le substrat mental. Sous l'effet de cette rencontre, ce dernier prend l'apparence de l'objet et, à ce moment-là, le je voit.

De même, quand le je veut entendre quelque chose, il met le substrat mental en contact avec l'organe auditif, l'ouïe, qui reçoit continuellement les ondes élémentaires transmises par les vibrations sonores de l'environnement extérieur. En absorbant ces ondes élémentaires, le substrat mental se transforme en son et le je entend.

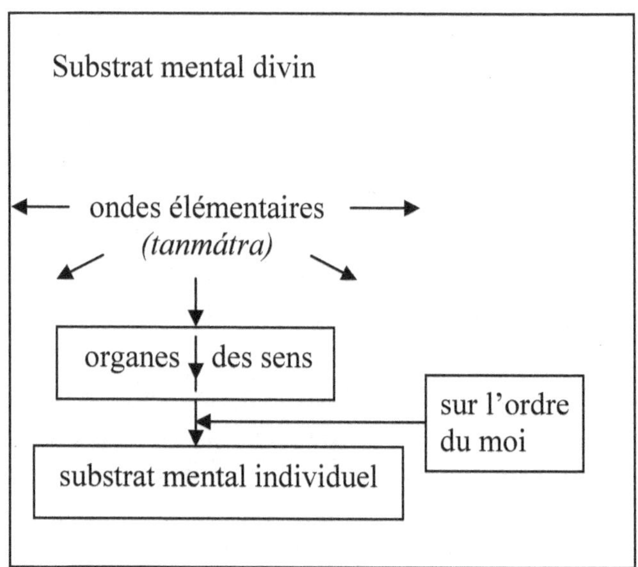

[Réception des ondes des éléments par le psychisme
individuel]

C'est-à-dire que le substrat mental prend la forme de ce
que le moi/je désire ou fait, et c'est ainsi que tout ce que fait le
moi dépend du substrat mental pour se révéler.

Nous avons vu que le psychisme est l'ensemble composé
du substrat mental, du moi et du grand principe ou principe
mental *(citta, ahaṁtattva* et *mahattattva* ou *buddhitattva)*.

Le substrat mental prend l'apparence de l'objet sur la
directive du moi qui seul et seulement agit.

Le grand principe, ou principe mental, qui exprime la conscience « j'existe », se révèle dans le réceptacle mental, en faisant s'activer le moi et le substrat mental. En l'absence d'une
conscience d'exister, même si, sous les ordres du moi, le substrat mental se transforme en l'objet, on ne perçoit pas celui-ci.

Derrière ce sentiment d'exister qui fait partie du psychisme, existe un je au-dessus de ce qui est psychique, qui est le je « propriétaire », le je témoin ou conscient de tout je psychique. De ce je [« propriétaire »], véritable auteur de tout ce qui arrive, dépend l'existence même du psychisme. Ce je témoin du psychisme est l'âme, l'esprit[1].

On en vient donc, par une analyse et une considération subtiles, à la conclusion que l'âme et le psychisme sont deux entités différentes l'une de l'autre. L'âme et le psychisme sont néanmoins unis l'un à l'autre.

Le psychisme comprend le moi, qui est le je agissant, le substrat mental, qui est le je qui se transforme en l'objet [du moi] en recevant les ondes élémentaires, et tous deux dépendent de la présence du je donnant le sentiment d'existence. L'âme est l'entité qui n'est que spectateur/témoin du je donnant le sentiment d'exister. Ce je qui fait s'éveiller la conscience de l'existence, prouvant [par-là même] la présence d'une entité spirituelle, est le grand principe *(mahat)*. Le je qui agit est le moi *(aham)*. Et le je ou la partie du psychisme qui prend la forme de l'objet est le substrat mental *(citta)*. C'est-à-dire que parce qu'on lui a attribué différentes propriétés, la même entité, le même je, est réduit à divers états, à plusieurs niveaux.

Voyons maintenant comment ce même je prend plusieurs formes aux fonctions différentes. Il faut d'abord reconnaître derrière le ressenti « j'existe », la présence d'une entité témoin, une forme de soi qui ressent « j'existe », [l'âme]. D'un autre côté, la conscience d'exister est autre chose que l'âme puisqu'elle en prouve la présence. En conséquence, l'âme qui inspire le sentiment [d'exister] du grand principe est indéniablement présente derrière ce sentiment ; autrement dit le grand principe ne peut pas être l'âme.

---

[1] *Átmá* ou *añucaetanya*. (ndt)

L'entité témoin et la conscience d'exister pleinement manifestée ne sont toutefois que les expressions d'une même entité, ces expressions correspondant à deux fonctions différentes. Le je dont la vraie nature est d'être la conscience témoin prouve son existence en se manifestant sous la forme du grand principe, la conscience d'exister ; autrement dit, c'est l'âme elle-même qu'on appelle, dans un état différent, le grand principe. On voit ainsi que l'âme pourvue de certaines propriétés *(guńa)* assume grâce à elles diverses fonctions et que ces propriétés sont autre chose que pur esprit, sinon l'âme n'aurait pas pu se manifester en tant que grand principe ; elle se manifeste donc par deux entités distinctes : le pur esprit et sa propriété. De plus, il existe aussi forcément une autre entité, dont la nature consiste à attribuer cette propriété. C'est la force opératrice *(prakrti)* qui, par sa contrainte caractérisante, fait se manifester l'âme sous une forme plus grossière ; autrement dit, l'âme se manifeste sous la forme du grand principe sous l'action de la force opératrice.

Qu'est-ce que la force opératrice ? La force opératrice est celle qui dirige toutes les entités naturelles. Ce n'est pas la propriété ou la caractéristique [de quelque chose]. La propriété naturelle, la caractéristique intrinsèque du feu, par exemple, est de brûler, mais il y a forcément derrière cette propriété du feu, une entité qui la lui attribue, de même que les propriétés de l'âme lui sont attribuées par une autre entité qu'elle-même. Cette entité, qui commande les propriétés de l'âme, est la force opératrice, qui n'est pas la propriété même. Le terme pour force opératrice *(prakrti)* – *pra-kr* + *ktin*[1] – en sanscrit signifie « celle dont l'humeur est de créer les différentes espèces ». La

---

[1] *Prakrti* se décompose en un préfixe *pra* [pro-] adjoint à la racine verbale *kr* [agir] auxquels on applique le suffixe substantivant féminin *ti (ktin)*. (ndt)

force opératrice prouve l'existence de l'âme en lui attribuant une propriété qui est la propriété de comprendre sa nature.

Pour agir, il faut une faculté d'action. La force opératrice attribuant une propriété à l'entité spirituelle, elle est une sorte de faculté d'action. Sous l'effet de cette force opératrice, l'âme/l'esprit prend diverses formes agissantes. La force opératrice étant une sorte de faculté d'action, la question se pose de savoir de quoi/qui elle est la faculté d'action. Elle est la faculté d'action de l'âme et c'est sous l'autorité de celle-ci qu'elle agit et attribue ses propriétés. La force opératrice réside en l'âme. Les deux sont en fait comme le feu et sa propriété qui consiste à brûler : inséparables. Leur rapport est inaltérable. La propriété intrinsèque de quelque chose dépendant de la faculté qui la met en œuvre, en l'absence de cette dernière, l'existence même de cette chose ne s'appuie sur rien. C'est pourquoi l'âme n'existe pas en l'absence de la force opératrice.

Lorsque la contrainte caractérisante [de la Force] fait naître le sentiment « j'existe », la conscience de l'existence s'éveille en l'entité témoin qu'est l'âme. On qualifie cette contrainte caractérisante par laquelle la force opératrice fait se manifester le sentiment d'exister en l'âme, d'influence éveillante *(sattva-guña)*. On appelle la partie du psychisme ayant pris la forme correspondant à cette transformation, le grand principe ou principe mental *(mahattattva* ou *buddhitattva)*. C'est-à-dire que sous l'influence éveillante *(sattva)* de la force opératrice, l'âme se manifeste sous la forme du principe mental ou grand principe.

Pour agir, il faut exister, si l'on n'existe pas, on ne peut pas agir. On observe, dans cette optique, deux sortes de je, l'un dépendant de l'autre : premièrement, le sentiment « j'existe », que l'âme – l'entité témoin –, faisant par là la preuve de son existence, fait se manifester ; puis le je agissant. Au moment d'agir, la conscience d'exister qu'est le principe mental prend aussi, en plus de prouver l'existence, la charge d'agir. La propriété permettant d'agir se manifeste alors, engendrée par la pression de la force opératrice sur le principe mental. La faculté ou qualité intrinsèque de l'âme qu'est la force opératrice est inséparable de la manifestation grossière de l'âme qu'est le principe mental dans l'expression de ce dernier.

Sous l'action de la force opératrice, la qualité que le principe mental reçoit est la qualité activante ou mutatrice *(rajoguńa)*. Le principe mental prend alors deux formes, aux fonctions différentes. On appelle la propriété ou la sorte de capacité d'agir créée par la qualité activante, le moi *(ahaḿtattva[1])*. C'est-à-dire que le principe mental se manifeste sous la forme du « moi » lorsque la force opératrice lui attribue la qualité activante.

Toute action donne un résultat. Regarder un livre par exemple a pour résultat que l'on voit le livre. Nous avons précédemment expliqué de quelle manière s'effectue le phénomène de voir : le substrat mental, partie la plus grossière du psychisme, prend, quand il reçoit les ondes élémentaires, la forme de l'objet. De plus, c'est en suivant la volonté du je que le substrat mental prend la forme de l'objet : le substrat mental devient un livre quand le moi regarde un livre. La forme que prend la matière du substrat mental est ainsi entièrement dépendante de l'intention du moi. La relation entre le moi et le substrat mental est donc très intime.

Il nous faut expliquer comment est apparu ce qui constitue le substrat mental. Le substrat mental est une partie du psychisme dont les deux autres parties sont le moi et le grand principe. Lorsque le grand principe est soumis à l'influence activante *(rajoguńa)* de la force opératrice, il se manifeste sous la forme du moi. Nous avons aussi clairement vu qu'avec l'action de la force opératrice sur l'âme, c'est l'entité primitive [l'âme] elle-

---

[1] Voir note 1 p. 16. (ndt)

même qui se confine à l'état de moi, dans [cette] deuxième étape vers un état plus grossier. La force opératrice est donc aussi présente dans le moi. Elle lui attribue alors une propriété et c'est ainsi que le substrat mental apparaît, par l'action de la force opératrice sur le moi.

C'est la tendance inertiante ou statique *(tamoguṅa)* [de la force opératrice] qui attribue une propriété au moi. Sous l'effet de cette tendance inertiante, le moi prend la forme de l'objet sur lequel il a dirigé son action. On appelle l'entité qui prend la forme, le substrat mental *(citta* [« ce qui est pensé »]). C'est ainsi l'âme elle-même qui se manifeste graduellement sous la forme du substrat mental.

Par conséquent, le psychisme est créé par l'attribution de propriétés à l'âme par la force opératrice et dépend de la présence de l'âme. Il ne peut donc pas apparaître en son absence.

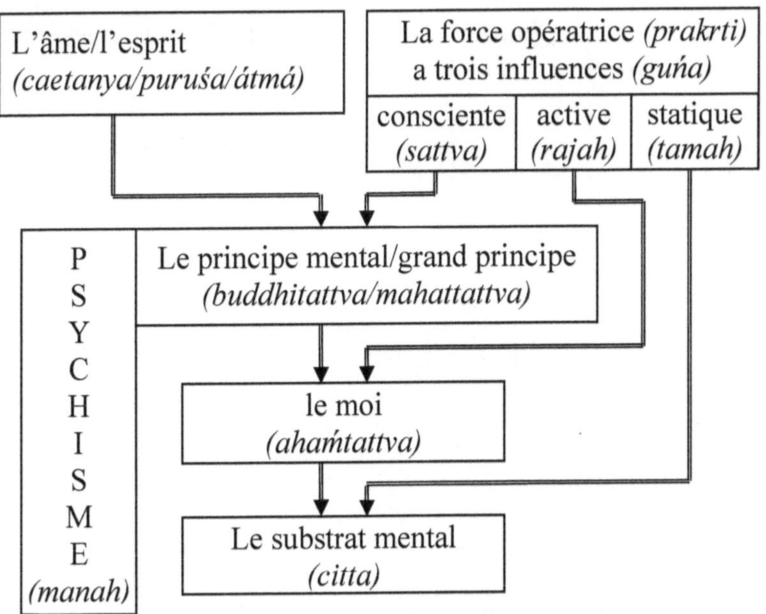

[La formation du psychisme engendré par l'action de la force opératrice sur l'entité spirituelle]

Or nous voyons le psychisme se manifester dans l'existence de chaque individualité, la présence de l'âme en elles est donc indéniable. L'âme *(átmá)* s'exprimant en chacun des innombrables psychismes individuels de cet univers, il semble à première vue y avoir de nombreuses âmes *(átmá)*. On appelle l'ensemble de toutes ces âmes, l'Âme suprême, l'Âme universelle ou Dieu[1]. Tout comme on qualifie de douzaine douze unités, de vingtaine vingt unités et d'armée un grand nombre de soldats, on appelle l'ensemble des âmes Dieu, Âme suprême ou Âme universelle. Il est donc complètement erroné d'imaginer Dieu comme une personne humaine munie de bras et de jambes, toute-puissante.

Il n'y a pas de mot anglais équivalent à *átmá*, le mot à l'explication la plus proche est âme *(soul)*, on peut utiliser ce mot. On explique alors Dieu par l'ensemble de toutes les âmes, soit *l'Âme universelle*[2].

Dieu existe donc et il est l'Âme suprême, l'Âme universelle, l'Être absolu, la Divine Béatitude[3].

Jamalpur, 1955

---

[1] *Paramátman, Bhúmácaetanya* ou *Bhagaván*. (ndt)
[2] *Bhúmácaetanya*, soit *Universal Soul*. (ndt)
[3] *Paramátman, Bhúmácaetanya, Brahma, Ánandasvarúpa*. (ndt)

2. Qu'est-ce que Dieu ?
(Vibhu sattá kii)

Par un raisonnement logique, nous avons conclu que Dieu *(Brahma)* existait et qu'il était l'Âme suprême, l'Âme universelle ou la forme individualisée de l'ensemble des âmes. On appelle aussi cette Âme universelle ou totale, l'Esprit *(puruśa)* ou faculté cognitive *(citi-shakti)*.

La force opératrice est, elle, une faculté propre à l'Esprit *(puruśa* ou *caetanya)*, dont l'objet est de lui attribuer des caractéristiques. L'Esprit et la force opératrice *(prakrti)* sont, comme le feu et sa faculté de brûler, inséparables. L'Esprit *(puruśa)* est inévitablement présent dès que la force opératrice est présente et leur nom d'ensemble est Dieu *(Brahma)*.

L'Esprit est la présence spirituelle, cognitive. En disant « spirituelle » ou « cognitive », nous comprenons bien sûr quelque chose mais nous ne pouvons pas y associer une forme ou une image, nous saisissons ce qu'est l'Esprit par la réflexion, par une exploration psychique de la nature de l'objet. L'Esprit est ainsi indescriptible [en termes de forme], on ne peut le saisir qu'en tant qu'entité abstraite. La force opératrice, qui attribue des caractéristiques à cet Esprit invisible, aussi, ne peut se saisir que par la pensée. Une faculté ou une qualité, même si elle produit les manifestations les plus concrètes, n'est pas elle-même visible, on ne peut pas la décrire en termes de forme.

La faculté de brûler du feu, lui-même physique, est une qualité physique, pourtant on ne peut pas la décrire en termes de forme. Autrement dit, aussi matérielle que soit la faculté qui caractérise de façon intrinsèque un objet, cette faculté est en soi quelque chose de subtil. L'Esprit et sa faculté propre, la force opératrice, sont tous deux subtils. Dieu, qui est leur « forme » conjointe, l'est donc aussi. De ce fait, on ne le perçoit qu'au niveau culminant de la synthèse mentale. Dieu est ainsi dénué de forme, c'est une entité au-delà de la forme que l'on perçoit dans le silence de la pensée.

Nous avons vu que le principe mental *(buddhitattva)* naissait de l'influence éveillante *(sattva)* de la force opératrice sur l'âme *(añucaetanya* ou *átmá)*, que le moi naissait de l'influence activante *(rajah)* de la force opératrice sur le principe mental, et que le substrat mental *(citta)* provenait de l'influence inertiante/statique *(tamah)* de la force opératrice sur le moi[1]. Le moi et la force opératrice ne dépendent donc pas du substrat mental ; en l'absence de celui-ci, ils demeurent tels quels. De même, le principe mental est indépendant du moi et la présence de l'âme est indépendante du principe mental. Prenons un exemple, une casserole en acier dépend de l'acier pour exister mais l'existence de l'acier ne dépend pas de la casserole. Semblablement, le substrat mental, le moi et le principe psychique sont la manifestation grossière de l'âme et dépendent donc d'elle pour exister alors que l'âme, elle, est totalement indépendante.

L'Esprit *(caetanya* ou *puruśa)* est totalement indépendant, sans commencement ni fin, c'est une entité absolue, libre de toute détermination. La force opératrice est sa faculté/sa caractéristique intrinsèque, son lien avec l'Esprit est donc inaliénable et indestructible. Cependant, si l'on prend le feu pour exemple, on voit qu'il n'est pas le créateur de sa caractéristique, la faculté de brûler. Il en est exactement de même de

---

[1] Confer p. 21. (ndt)

l'Esprit qui n'est pas le créateur de sa caractéristique, la force opératrice. L'Esprit dépend même de l'action de la force opératrice pour prendre conscience de sa propre existence. Dans ces conditions, comment pourrait-il créer la force opératrice ? Celle-ci est, comme l'Esprit, une entité qui ne dépend de rien. On appelle Dieu *(Brahma)*, cet ensemble Esprit-force opératrice indépendant. C'est ainsi que Dieu est sans aucun doute totalement indépendant, libre de toute détermination, une entité éternelle.

Dieu n'a pas d'origine, mais est-il fini ? Pour répondre, nous devons estimer sa taille. L'instrument de mesure diffère selon ce qu'on mesure. Pour mesurer des terres, il faut un mètre et de la corde, pour mesurer des céréales, un boisseau ou une balance, pour mesurer la chaleur, un thermomètre, et pour mesurer la pression atmosphérique, un baromètre. C'est ainsi que chaque objet a sa méthode de mesure et qu'on choisit l'instrument en fonction de cette méthode. Pour mesurer Dieu, qui est une entité subtile, il nous faut chercher quelque chose de plus subtil que Dieu.

En chaque objet de ce monde, nous retrouvons les cinq éléments fondamentaux que sont l'espace, l'air, le feu, l'eau et la terre[1]. On comprend la nature subtile ou grossière d'un objet selon les ondes correspondant aux sens/les ondes des éléments *(tanmátra)* qu'il émet. Il y a en tout cinq types d'ondes correspondant aux sens qui sont celles du son, du toucher, de l'apparence, du goût et de l'odeur.

L'élément espace se caractérise par le fait de transporter l'onde primitive *(tanmátra)* du son[2], l'élément air, par celui de transporter les ondes du son et celles du toucher, l'élément feu, celles du son, du toucher et de l'apparence, l'élément eau,

---

[1] Ou éléments éthérique, gazeux, lumineux/énergie, liquide et solide. (ndt)
[2] C'est-à-dire qu'il transporte les ondes électromagnétiques. Confer note p. 110. (ndt)

celles du son, du toucher, de l'apparence et du goût, et l'élément terre se caractérise par le fait de transmettre les cinq ondes élémentaires que sont le « son », le toucher, l'apparence, le goût et l'odeur. La présence d'ondes correspondant aux sens [en eux] fait qu'aucun des cinq éléments fondamentaux n'est subtil. Aucun objet de ce monde grossier n'est donc approprié quand il s'agit de mesurer l'entité subtile qu'est Dieu.

Nous avons vu qu'en plus des cinq éléments fondamentaux grossiers, existait dans cet univers, au-delà du domaine des ondes correspondant aux sens, une entité mentale subtile qui prend la forme des objets et qui peut les saisir mentalement, par la pensée. Seul ce psychisme pourrait donc mesurer Dieu, par la pensée et le ressenti.

Le psychisme, combinaison du principe mental, du moi et du substrat mental, est apparu avec l'accroissement de l'emprise de la force opératrice sur l'âme. Des trois parties du psychisme, c'est le moi qui effectue les actions ; s'il s'agit de mesurer Dieu [Âme universelle], c'est donc le moi qui va s'y efforcer. Le moi n'est cependant qu'une sorte de forme agissante du principe mental. Avant d'être mis en contact avec l'âme, il est [re]transformé en principe mental[1] et perd sa caractéristique agissante. Il n'a alors aucun moyen, dans cet état, d'agir ; ne parlons pas de mesurer l'âme ! Dieu est le nom d'ensemble de toutes les âmes ; le psychisme étant incapable de mesurer la moindre d'entre elles, la question qu'il puisse mesurer Dieu, qui est l'âme totale, ne se pose donc pas.

Le monde manifeste est une partie de Dieu[2] et c'est dans ce monde que le psychisme [individuel] existe. Même si l'on fait revenir le psychisme agissant (le moi) à sa source [le principe mental] par une progression méthodique de nature synthé-

---

[1]   Il ne peut remonter vers l'âme que par le même chemin que celle-ci a pris pour devenir le moi. Confer p. 23, le schéma et le texte qui le précède. (ndt)
[2]   Nous verrons cela au chapitre suivant (p. 41). (ndt)

tique, nous voyons qu'en reconnaissant qu'il reste encore quelque chose au-delà [de cette source], le psychisme ne peut, dans sa situation, mesurer cela. La création étant ainsi au-delà du psychisme, elle est infinie[1]. Si la création, qui est une manifestation partielle, est infinie, Dieu qui est l'entité totale est nécessairement infini.

Dans l'état naturel de Dieu *(Brahma svarúpa)*, l'Esprit et la force opératrice sont tous deux indépendants et libres de tout lien. La force opératrice est la qualité intrinsèque de Dieu et son rôle est d'attribuer des caractéristiques *(guńa)* à l'Esprit/de le particulariser. Le mot caractéristique *(guńa)* signifie en sanscrit, [au sens propre] lien, corde[2]. Que la force opératrice attribue des caractéristiques *(guńa)* à l'Esprit/le particularise, veut donc dire qu'elle le lie librement. Mais, dans l'état divin suprême/l'état proprement divin *(Brahma svarúpa)*, la Force et l'Esprit sont tous deux indépendants ; l'Esprit est son propre maître et la Force ne peut donc pas le caractériser *(guńa)*/le délimiter. Elle est cependant présente dans cet état [transcendant]. Et, de même que la faculté d'action d'une personne endormie n'est qu'endormie et non détruite, même si dans l'état divin absolu la force opératrice relâche ses liens, sa capacité de lier reste intacte.

Ainsi, dans l'état absolu, l'Esprit n'est pas soumis à des liens caractérisants *(guńa)*. Si la force opératrice, dont la caractéristique intrinsèque est de contraindre l'Esprit, relâche son action, il y a certainement une raison à cela, c'est ou parce que la Force est endormie et donc inactive, ou parce qu'elle est plus faible que l'Esprit. On ne peut pas logiquement accepter la

---

[1] Puisqu'elle n'est pas mesurable (la mesure est une action psychique) ; en effet tout ce qui est fini est mesurable. (ndt)

[2] Les termes d'origine sanscrite *guńa* de même que *saguńa* et *nirguńa brahma* sont, dans ce contexte, des notions sanscrites toujours utilisées dans le langage philosophique indien d'aujourd'hui. (ndt)

première proposition parce que, dans l'état absolu/libre de tout lien *(nirguńa)*, il n'y a pas d'autre entité que l'Esprit pour éveiller la Force opératrice endormie et lui permettre de caractériser l'Esprit. La Force opératrice est donc autant éveillée et en état d'agir en Dieu libre de tout lien, mais sa puissance est inférieure à celle de l'Esprit et, par conséquent, elle ne peut pas, elle qui est la seule à pouvoir le faire, lui imposer les liens des caractéristiques. C'est ainsi que l'Esprit et la Force existent de toute éternité. L'Esprit est par conséquent par nature plus puissant que la Force et celle-ci est sa propriété ou caractéristique intrinsèque. L'état naturel *(svarúpa)* de l'Esprit est ce qu'on appelle Dieu libre de tout lien *(nirguńa brahma)*.

On appelle Dieu libre de tout lien *(Nirguńa Brahma)* ou pur état divin *(Brahma-svarúpa)*, l'Esprit non lié par la force opératrice et Dieu muni de caractéristiques [ou se manifestant] *(Saguńa[1] Brahma)*, l'Esprit muni de liens par la force opératrice. Si Dieu libre de liens est l'état naturel de Dieu, que peut-on dire de Dieu muni de liens/de caractéristiques ? De plus, comment la force opératrice a-t-elle attribué des caractéristiques à l'Esprit plus puissant [qu'elle], autrement dit, comment Dieu muni de caractéristiques[2] est-il né ?

Libre de tout lien et muni de caractéristiques *(nirguńa* et *saguńa)* ne sont que différents états du Dieu unique. Tout comme l'état endormi et l'état éveillé d'une personne ne signifient pas qu'il y ait deux personnes différentes, l'état de l'Esprit libre des liens *(bandhana)* caractérisants *(guńa)* de la force opératrice et son état soumis à ces mêmes liens ne permettent pas non plus d'en déduire deux différentes existences de Dieu *(Brahma)*.

---

[1] Littéralement « muni *(sa-)* de *guńas* ». (ndt)

[2] Dieu se manifestant, autrement dit l'ensemble comprenant cet univers et Dieu créateur. (ndt)

On appelle Âme universelle, Esprit ou Âme totale[1], l'ensemble des innombrables âmes. La nature des deux, ce qui les caractérise [(l'Esprit et les âmes)], est identique ; mais si le domaine d'existence de l'âme est fini, celui de l'Esprit est infini. Ce monde, ainsi que Dieu se manifestant *(saguńa)*, viennent de l'action caractérisante des liens de la force opératrice sur l'Esprit, l'Âme totale.

On ne peut qu'admettre l'existence de ce monde visible tout autour de nous, prouvé par la perception directe et qui dépend de Dieu se manifestant. En celui-ci, la force opératrice a pu attribuer des caractéristiques à l'Esprit, soit que dans cet état muni de caractéristiques [de Dieu/l'Esprit], la Force soit plus puissante que dans [l'état] libre de tout lien, soit parce que l'Esprit muni de caractéristiques est moins puissant qu'[à l'état] libre de tout lien *(nirguńa)*. Or la force opératrice est, comme l'électricité, une sorte de force agissante. Dans la circulation de l'électricité, la puissance d'action [le voltage] est approximativement la même partout où elle s'exerce. Pareillement, que ce soit dans [l'état divin] muni de caractéristiques ou dans celui libre de tout lien, la puissance de la force opératrice est toujours la même. C'est donc l'intensité ou la non intensité/non profondeur de l'Esprit qui est à la source de la force ou du relâchement de l'action de la Force.

Pourquoi l'Esprit a existé dans un état non intense/non dense *(a-ghana)* ? Et depuis quand la force opératrice s'efforce-t-elle de caractériser l'Esprit ? On ne peut recevoir ces questions parce que pour déterminer la cause d'un effet, le psychisme (individuel ou global), dont l'existence dépend de [celle de] Dieu *(saguńa brahma)*, est indispensable. La cause de la création de Dieu *(brahma)* serait donc à chercher à l'extérieur du psychisme. Dans les Védas aussi (dans l'hymne de la création du *Rig Véda*) il est dit, très exactement, que Dieu

---

[1] *Bhúmacaetanya, parama puruśa* ou *sámúhika caetanya.* (ndt)

lui-même ne connaît pas la cause de sa création. Si Dieu n'était pas dénué de cause, il serait soumis à la loi de la cause de l'effet, et il perdrait aussi sa nature éternelle.

[L'état] caractérisé *(saguńa)* se manifeste en Dieu libre de tout attribut, sans commencement ni fin, grâce à la constance des liens caractérisants de la force opératrice. De même qu'un morceau de banquise, s'étant formé dans certaines parties de l'océan sous l'effet du climat, flotte dans l'océan, le caractérisé se situe forcément dans le non caractérisé *(nirguńa)*. Comme dans l'océan où l'eau autour des morceaux de banquise reste à l'état originel et n'est pas sous l'emprise de la glace, le libre de tout lien entoure le caractérisé tout en restant à l'état originel. Ainsi, Dieu caractérisé se trouve dans le Non caractérisé.

On dit caractérisé, l'Esprit soumis à l'action de la force opératrice. À l'état originel, l'Esprit est libre de l'emprise de la force opératrice/n'est pas soumis à son action. Dieu caractérisé, autrement dit l'Esprit caractérisé, n'est donc pas Dieu à l'état originel, même si on l'appelle aussi Dieu parce qu'il est composé de l'ensemble Esprit-force opératrice. Pour expliquer ce qu'est Dieu caractérisé, on peut reprendre l'exemple précédent du morceau de banquise flottant sur l'océan. À cause du climat, une petite partie de l'eau de mer s'est transformée en glace. Si l'on compare l'océan à Dieu libre de tout lien, la glace correspond à Dieu caractérisé et le climat, qui change l'eau en glace, à la force opératrice. La masse d'eau à l'état originel du reste de l'océan est comme l'Esprit en Dieu libre de tout lien. La banquise et la masse d'eau liquide ne sont que différents états d'une seule et même eau – la seule différence entre les deux est que le climat peut à un endroit transformer l'eau en glace et dans un autre en est incapable. Puisqu'il y a une différence d'état entre l'eau et la glace, nous ne pouvons pas dire que la glace est de l'eau. De même, nous ne pouvons pas non plus dire que Dieu caractérisé est la véritable nature de Dieu parce que Dieu caractérisé est un état différent de cet état naturel. Il nous faut donc, pour connaître la vraie nature de Dieu, connaître Dieu libre de tout lien. Le seul fait de connaître [l'état] caractérisé [de Dieu] ne nous permet pas de connaître l'Entité suprême.

Or donc, qu'est-ce que Dieu tout-puissant *(Bhagaván)* ? Est-il caractérisé ou est-il libre de toute caractéristique/de tout lien ? *Bhagaván* [(Dieu tout-puissant)] est un mot sanscrit issu du mot *bhaga* auquel on a ajouté le suffixe *vant*[1] signifiant « ayant » *(matup)*, c'est-à-dire que *Bhagaván* est celui muni de *bhaga*. *Bhaga* désigne la toute-puissance, l'amour et la lumière, et c'est pourquoi nous comprenons *Bhagaván* comme celui qui est Lumière, Bienveillance et Toute-puissance. À cause de toutes ces qualités et caractéristiques, nous ne pouvons que dire que le Créateur *(Bhagaván)* est l'Esprit muni de caractéristiques/caractérisé. Dans l'état dénué de tout lien *(nirguña)*, l'Esprit n'est pas muni de caractéristiques, c'est dans l'état caractérisé *(saguña)* qu'il l'est. Dieu créateur correspond donc à un concept différent de l'état dénué de tout lien, il fait partie de l'état caractérisé ; on ne peut donc pas dire qu'il soit l'état naturel de Dieu, qu'il soit Dieu suprême. Le connaître n'est pas connaître Dieu suprême. Pour connaître la véritable nature de Dieu, il faut, s'élevant au-dessus de Dieu créateur, connaître Dieu libre de tous liens – c'est lui qui est à adorer, lui qui est au-dessus de tout, qui est à connaître.

1955

---

[1] Devenu *ván* au nominatif masculin. (ndt)

3. Dieu, l'univers et l'être humain

On qualifie Dieu *(Brahma)* d'Âme totale parce qu'il est l'ensemble des âmes. Chaque âme est totalement indépendante et il en est de même de Dieu, nous l'avons précédemment démontré[1]. Si Dieu, qui est la somme des âmes, est infini, le nombre d'âmes est infini. Le nombre d'âmes est ainsi nécessairement infini[2]. La question se pose de savoir comment Dieu est devenu l'ensemble de toutes les âmes. L'existence de Dieu dépend-elle des innombrables âmes ou est-ce les âmes qui dépendent de Dieu ?

Nous avons vu précédemment que l'âme était une entité totalement indépendante que manifeste chaque individualité[3]. Toutefois, l'être humain n'est pas une entité indépendante, ni même le premier être vivant sur la terre, l'histoire [de la Terre] le prouve. Lors de la création de la Terre à partir du Soleil, celle-ci n'était qu'une boule de feu. Avec son refroidissement progressif, l'eau puis la terre [l'élément solide] d'où viennent les arbres et les plantes, les animaux et finalement l'être humain, apparurent. De ce fait, l'existence de l'homme dépend à la base de la Terre/[l'élément] terre, il n'est donc pas une entité indépendante. L'entité spirituelle [l'âme/l'Esprit] elle, est parfaitement indépendante [et ainsi éternelle], elle ne

---

[1] p. 26 et 27. (ndt)
[2] Puisque Dieu est infini (nous venons de le voir p. 29). (ndt)
[3] p. 23 et 24. (ndt)

dépend donc pas de l'être humain, on ne peut qu'admettre qu'elle lui préexistait.

Avant l'apparition des cinq éléments, seule l'Âme universelle, parce qu'elle est en accord avec la totale indépendance de l'âme, constituait une demeure possible pour celle-ci. C'est après que l'être humain a été créé que l'âme s'est reflétée [manifestée] en lui. L'âme est une individualité, une partie de l'Âme universelle. Cela signifie qu'au début de la création, les innombrables âmes n'existaient pas à l'état isolé : c'est Dieu lui-même qui se reflète sous la forme des innombrables âmes et c'est pourquoi on l'appelle l'Âme totale. Cela prouve sans ambiguïté que l'âme/la conscience humaine vient de Dieu.

Le corps humain est fini, limité, il dépend de la terre et son existence a un début et une fin. Obtenu de la terre sur laquelle il est installé, il est le réceptacle de l'âme subtile. C'est pourquoi l'on peut aussi dire que l'élément terre/solide recèle l'âme en lui-même, à l'état profondément endormi. Par exemple, c'est seulement parce qu'il y a du beurre dans le lait qu'on peut l'en extraire. Pareillement, si l'âme n'était pas présente dans l'élément solide, elle ne pourrait pas se manifester dans le réceptacle humain. Bien que le beurre soit présent dans le lait, on ne peut pas fabriquer de beurre sans baratte ; de même, le potentiel non apparent et profondément endormi de l'âme dans l'élément solide ne se manifeste pleinement qu'en s'exprimant dans l'esprit humain où il prouve sa présence par le ressenti.

L'existence de la Terre dépend du Soleil qui est une sorte de boule de gaz brûlante ; autrement dit, cette entité rayonnante, le soleil, dépend de l'élément gazeux [ou air]. Les gaz dépendent eux-mêmes de l'élément espace [ou éther] puisqu'en l'absence de cet élément, l'élément air [(gazeux)] n'a aucun endroit où exister. Autrement dit, l'élément espace/l'éther est à l'origine de l'élément air, du soleil, de la terre et finalement de l'être humain.

Nous pouvons voir que l'âme/la conscience se manifeste en l'être humain ; c'est pourquoi elle est sans aucun doute présente en l'élément espace dont il provient. Bien que cet élément espace soit sans forme, sans corps, comme il transporte une onde des éléments *(tanmátra)*, celle du son[1], il fait partie de la manifestation grossière *(sthúla)* constituée des cinq éléments. Mais, bien qu'il soit inclus dans une succession grossière [celle des cinq éléments], l'élément espace est le grand vide infini : il n'y a pas la moindre présence grossière visible en lui. De même que l'eau est le seul constituant de la glace, l'Esprit *(caetanya)* est le seul composant de l'élément espace, source de l'âme/esprit humain.

L'Esprit présent dans l'élément espace/l'éther provient de Dieu *(Brahma)*, et c'est à partir de cet éther que les éléments – l'air, le feu, l'eau, la terre – la végétation et les êtres vivant sur cette terre se manifestent. C'est ainsi que, de la terre à cet univers, [tout] est créé à partir de Dieu. Dieu est la cause de ce monde.

C'est Dieu muni des liens caractérisants *(saguńa brahma)*, l'Esprit *(puruśa)* muni des liens caractérisants, qui crée l'univers ; autrement dit l'univers provient de Dieu muni des liens caractérisants. Mais si Dieu se manifestant *(saguńa brahma)* crée l'univers, la question se pose de savoir d'où il obtient le matériau à partir duquel créer. Le potier fabrique ses pots en terre glaise qu'il obtient de la terre. Dieu *(saguńa brahma)* obtient-il aussi le matériau de la création de quelque part ? Si c'était le cas, ce matériau et son propriétaire seraient plus importants comparés à Dieu caractérisé *(saguńa brahma)* et lui auraient préexisté, on ne peut que le reconnaître. Il a cependant déjà été prouvé que Dieu *(Brahma)* était totalement indépen-

---

[1] C'est-à-dire que l'élément espace, l'éther, se laisse traverser par les ondes électromagnétiques et en est donc le support (voir aussi la note p. 108). (ndt)

dant/sans la moindre cause[1] : il y a rien avant Dieu *(Brahma)*, rien d'autre que Dieu qui puisse servir de matériau pour créer cet univers. La logique ne nous permettant pas d'accepter que ce monde visible tout autour de nous ait été créé à partir de rien, nous ne pouvons qu'affirmer que Dieu a créé ce monde à l'aide de son propre être *(deha)* ; autrement dit, ce monde qui se déploie devant nous est la transformation grossière/matérielle de Dieu *(saguńa brahma)*.

N'est-il pas alors illogique de dire que Dieu réside en toute chose ? Dire que Dieu est présent dans un livre implique que l'existence du livre se différencie de celle de Dieu, c'est-à-dire suppose que le livre soit quelque chose d'extérieur à Dieu. Ce qui est complètement erroné parce que tout objet de ce monde est constitué de Dieu : c'est Dieu lui-même qui prend la forme de toute chose. Autrement dit, Dieu et le livre ne sont pas deux entités séparées et le livre ne préexiste pas non plus à Dieu. Dieu étant éternel *(anádi-ananta)*, rien n'existe avant lui. C'est pourquoi, toutes les entités de ce monde manifeste existent en Dieu : de la manifestation la plus subtile à la plus grossière, tout est en Dieu.

La lune, le soleil, les planètes, les étoiles, l'atmosphère et la terre qu'elle enveloppe se sont formés peu à peu dans la progression vers le grossier, grâce aux liens caractérisants de la force opératrice sur l'entité spirituelle subtile que l'on ne peut saisir que par l'idée. Puisque l'Esprit est la source de l'univers, c'est qu'il a fini – comme l'éther qui transporte une onde des éléments (celle du son), comme le beurre dans le lait – par perdre son état naturel subtil qui le caractérise.

Nous avions pourtant précédemment prouvé que l'Esprit

---

[1] Et donc éternel. (ndt)

était subtil[1], il n'y a donc jamais eu, cachée en lui, la « graine » de la création [comme le beurre qui est caché dans le lait], ce qui contredit l'affirmation que ce monde a été créé à partir de lui. On en vient donc à reconnaître que ce monde ordinaire n'a logiquement pas la moindre existence objective/matérielle ; que sous l'effet des liens caractérisants de la force opératrice, il s'est manifesté à partir des ondes de l'imagination, au niveau mental de l'Esprit. C'est ainsi que ce monde imaginé, plein de diversité, fut créé. Ce monde objectif est de nature imaginaire, il ne dépend pas de la matière inerte. L'Esprit étant subtil, il peut facilement créer ce monde imaginaire à partir de lui-même. [Cependant] si l'on pense que la création est, disons, une simple onde d'imagination, cela soulève les deux interrogations suivantes :

Si ce monde n'existe pas en tant que réalité matérielle, comment se fait-il que nous en fassions l'expérience comme s'il était réel ?

Deuxièmement, si les ondes mentales de l'Esprit s'interrompaient, la création s'interromprait aussi et deviendrait inexistante, vide, or une entité imaginée dure, comme les ondes mentales qui l'ont créée, un certain temps, et leur disparition signifierait la complète dissolution de l'univers.

Quand on crée une forme en esprit, par l'imagination, elle ne nous paraît pas purement imaginaire. Ce qu'une personne est en train d'imaginer, voit, lui paraît vrai. Quand l'activité de l'imagination s'interrompt, elle comprend que cela n'était qu'imagination.

Analysons maintenant l'imagination et voyons comment, au moment où l'on imagine, l'objet imaginé nous paraît vrai. Dans le chapitre précédent, nous avons montré qu'une partie

---

[1] Confer p. 26. C'est-à-dire qu'il est non matériel, ou plus exactement, au-delà de la nature « grossière » des cinq éléments. (ndt)

du psychisme, le moi *(ahaṁtattva)*, effectue les actions et qu'une [autre] partie, le substrat mental *(citta)*, prend la forme du résultat de l'action. C'est-à-dire que quand quelqu'un imagine quelque chose, son moi se met en action et son substrat mental prend la forme de cette chose. Prenons par exemple quelqu'un qui se trouve à Bhâgalpur et qui pense au [quartier] Chowringhee de Calcutta : il pense à Chowringhee et son substrat mental en prend la forme. Dès que le substrat mental se transforme, le moi voit ce qu'il a imaginé.

Pour prendre la forme d'un objet extérieur, le substrat mental commence par recevoir les ondes des éléments *(tanmátra)*, puis il se transforme en l'élément constituant l'objet. Quand on regarde un livre, par exemple, les ondes transmettant son aspect pénètrent le substrat mental qui, avant d'afficher l'aspect précis du livre sur la scène mentale, doit devenir lui-même tel du papier (constitué d'élément solide), qui est la matière du livre. On comprend pourquoi un objet imaginaire nous semble réel dès que l'on sait comment il se forme dans la psyché.

Le substrat mental effectue toutes ces actions en recevant les ondes provenant des sens *(indriya)*. Sous les directives du moi, il se met en contact avec les ondes des éléments *(tanmátra)* transportées par les sens et prend alors la forme de l'objet. Mais imaginer le quartier Chowringhee de Calcutta tout en étant assis dans la ville de Bhâgalpur ne dépend pas des sens, puisque Calcutta est à deux cents kilomètres de là et donc hors de portée des sens ; c'est pourquoi le substrat mental prend la forme de Chowringhee sans faire appel au sens. Lorsque le substrat mental n'est plus en rapport avec les sens, conduisant à leur inactivité, l'on perd la notion des différences et des relations impliquant le lieu, le moment et les objets/personnes. Quelqu'un qui se trouve à Bhâgalpur sait d'un simple regard qu'il s'y trouve. Mais lorsque son substrat mental est déconnecté des sens et qu'au lieu de cela, il a pris la forme de Chowringhee, sa vue ne reçoit plus les ondes émanant des objets environnants. La personne voit alors Chowringhee dans son imagination alors qu'elle est assise à Bhâgalpur. L'activité des sens étant interrompue, le substrat mental ne reçoit plus d'images de Bhâgalpur et le moi voit donc Chowringhee : il ne voit que Chowringhee et se sent à Chowringhee.

C'est le moi qui imagine et non le substrat mental : le substrat mental prend la forme de l'objet que le moi imagine/ auquel le moi pense. Dès que le moi cesse d'imaginer, la forme imaginée disparaît du substrat mental et les sens se remettent en action. Immédiatement, la personne comprend que le Chowringhee qu'elle voyait n'était qu'imaginaire. C'est tout cela qui fait prendre pour vrai un objet imaginé à une personne sous l'emprise de son imagination. Ainsi, le substrat mental peut, indépendamment des ondes des éléments, prendre à la demande du moi la forme imaginée de l'objet. Si l'objet maintenu alors [dans le substrat mental] n'a pas de réalité, l'activité de donner forme du substrat mental est néanmoins réelle.

Nous avons analysé l'imagination dans son rapport à son activité, réelle, de donner forme. Voyons maintenant si ce monde naît de l'imagination de Dieu *(saguńa brahma)*. Nous avons vu précédemment que, sous l'action de la force opératrice, le Créateur *(saguńa brahma)* a façonné l'univers à l'aide de son propre être : admettons tout d'abord l'existence d'un psychisme [divin] puisqu'en l'absence de psychisme, on ne peut effectuer la moindre action. Sous l'effet de la force opératrice, un psychisme se manifeste en chaque entité/âme *(ańucaetanya)* ; par conséquent, en l'Âme totale, en l'Esprit muni des liens de la Force *(saguńa puruśa)*, aussi, se manifeste un Psychisme universel, le Psychisme total, combinaison des innombrables psychismes individuels. Tout comme chaque âme est une partie de l'Âme universelle, chaque psychisme est une partie du Psychisme universel *(bhúmámánasa)*. Le Psychisme universel étant l'ensemble des psychismes individuels, il est [comme eux] constitué des trois [parties] que sont le principe psychique, le moi et le substrat mental *(buddhitattva, ahaṁtattva* et *citta)*. L'univers est ainsi le substrat mental, partie qui dépend [pour s'objectiver] du moi, l'instance agissante du Psychisme universel.

Le substrat mental prend une forme de deux façons différentes : soit en assimilant, sur l'ordre du moi, les ondes des éléments que transmettent les sens, soit de façon indépendante des ondes des éléments, au moyen des ondes d'imagination du moi. [Or] la question que le substrat mental de Dieu *(saguṇa brahma)* prenne la forme d'un objet extérieur ne se pose pas, car rien n'existe au-delà ou en plus de Dieu. Le substrat mental de Dieu prend donc la forme que Dieu imagine. Ce monde est ainsi une expression du substrat mental divin, le résultat de l'activité du moi divin. L'imagination étant l'activité de prendre forme du substrat mental, l'univers est l'imagination de Dieu.

Le psychisme individuel voit son imagination, comme celle du psychisme divin, comme une réalité, puisque le psychisme divin *(bhúmámánasa)* est la totalité des psychismes individuels. L'univers, qui est l'imagination du psychisme divin, apparaît donc au psychisme individuel, qui en dépend, comme une réalité.

[En Inde], quand on assiste à un spectacle de magie, il est fréquent de voir le magicien lancer devant l'assemblée une corde en l'air que l'on voit rester là, suspendue dans le vide. L'assistant du magicien grimpe alors à la corde un sabre à la main et disparaît. L'instant suivant, sa tête, ses membres et son tronc ensanglantés retombent un à un. Les spectateurs sont abasourdis ! Se lamentant, le magicien ramasse la tête et les morceaux épars de son ami dans un sac, suscitant la pitié et la sympathie du public. Il peut alors faire une collecte bien supérieure parmi l'auditoire compatissant. Le moment d'après, l'on voit son assistant sortir d'entre les spectateurs.

Comment le magicien déploie-t-il devant l'assistance ce spectacle d'illusion ? De nombreuses personnes l'ont vu de leurs propres yeux, l'on ne peut donc pas se dire qu'il n'a pas eu lieu ! Pourtant, notre raison trouve difficile d'y croire, elle n'est pas prête à y croire : a-t-il vraiment ramené son assistant à la vie en rassemblant les morceaux de son corps découpé ?

Voyons ce qui a pu nous faire prendre cet exploit contre nature du spectacle pour réel. Déjà, une corde ne peut pas se tenir en l'air dans le vide et encore moins quelqu'un y monter ! De plus, il est complètement impossible de ressusciter une personne qui a été décapitée et démembrée ! Alors comment peut-on voir un tel événement se produire ? Chacun a vu la scène de ses propres yeux. Nous avons dit précédemment que celui qui voit/regarde est le moi, le substrat mental prenant la forme de l'objet sous ses ordres. Si le magicien peut élargir son champ psychique de façon surnaturelle – capacité née de sa pratique spirituelle assidue – il peut étendre son influence aux « moi »s du public présent. Interrompant alors d'un seul mouvement l'autorité des « moi »s du public, il endosse, avec son psychisme élargi, le rôle de psychisme [de « moi »] des spectateurs. Dès que le magicien imagine le spectacle, le substrat mental des spectateurs présents en prend la forme parce qu'ils sont soumis à la pensée du magicien. Ils se retrouvent alors en train de la voir [cette pensée, cette forme imaginée par le magicien]. Si la capacité psychique du magicien s'étend sur un rayon d'environ quatre-vingt-dix mètres, toute personne comprise dans ce champ psychique sera sous l'influence de sa pensée ; tandis que quelqu'un qui regarderait d'un endroit extérieur [à ce champ] ne verrait pas même l'ombre d'un spectacle : il verrait le magicien se tenant silencieux, les yeux clos, en train d'imaginer la scène. Les spectateurs qui se trouvaient dans son champ psychique élargi sont convaincus de la réalité de ce qui a été imaginé par le magicien : « Ceci eut lieu, cet événement s'est produit ! » [voilà ce qu'ils ressentent]. C'est de même que ceux qui ont chuté de la voie du yoga vont en étalant leur capacité psychique surnaturelle, créant toutes sortes d'argent, de friandises, etc. à partir de poussière. En réalité, aucun argent, aucune friandise, etc. n'existe véritablement.

Le spectacle d'illusion du magicien confirme que, bien que ce monde visible qui nous entoure soit la pensée, l'imagination de Dieu *(saguṅa brahma)*, il se présente à nous comme une immense réalité. Tout comme nous pensons réel le spectacle imaginaire du magicien, nous prenons pour réel ce qu'imagine Dieu. Celui qui regarde d'un endroit extérieur au champ psychique du magicien ne voit pas le spectacle que celui-ci déploie : il voit la réalité qui se trouve derrière. C'est de même que celui qui est allé au-delà du domaine psychique divin voit, grâce à son ascèse spirituelle, sa pratique spirituelle assidue, la véritable forme de Dieu derrière ce monde visible. Bien que ce monde perceptible, expression de l'imagination du psychisme divin, ne soit pas la véritable réalité, la personne qui est soumise [au psychisme divin] ne peut en aucun cas connaître celle-ci : seul celui qui s'élève au-delà du psychisme divin le peut. Cette connaissance, née d'une pratique spirituelle assidue, est la connaissance de la réalité suprême ; on qualifie celui qui a connu cette suprême entité éternelle de sage ayant contemplé la réalité.

Certains disent : « Dieu seul est réel, ce monde n'a pas de réalité »[1]. Voyons dans quelle mesure leur affirmation est juste. Ce monde est une forme imaginée par Dieu *(saguṅa brahma)*.

---

[1] L'affirmation sanscrite *« Brahma satyaṁ jagan mithyá »* bien connue, de l'école de Shankarácárya. (ndt)

Bien qu'une forme imaginaire ne soit pas réelle, une forme existe cependant et l'activité du substrat mental divin consistant à prendre la forme de l'univers existe aussi. Par conséquent, puisque le monde existe en tant que forme, on ne peut pas le considérer comme sans réalité. D'un autre côté, cette forme étant l'objet imaginaire de Dieu, on ne peut pas non plus la considérer comme réelle. Ce monde n'est donc ni la réalité ni dénué de réalité, c'est une réalité relative.

Ce monde est une onde mentale/d'imagination de Dieu, il devrait donc disparaître à l'arrêt de l'imagination. Une question se pose cependant : si la création doit disparaître, pourquoi cette fin n'a-t-elle pas eu lieu ?

Les ondes de l'imagination [divine] naissent, comme la création de ce monde, des liens caractérisants *(guńabandhana)* de la force opératrice sur l'Esprit non compact/non intense *(aghana)*. Autrement dit, c'est la force opératrice qui crée ce monde. À l'instant où une personne se libère de la domination de la force opératrice, elle se libère du champ de l'imagination divine. Dans cette situation, l'existence de ce monde s'évanouit [pour elle]. Or, l'Esprit muni des liens caractérisants[1] de la Force *(saguńa puruśa)* a divisé son propre être en d'innombrables âmes, Dieu *(Brahma)* est ainsi leur somme (il est l'ensemble des âmes). Alors, pour que Dieu muni des liens caractérisants de la Force *(saguńa brahma)* se libère de l'influence de la force opératrice, il lui faut avant tout libérer sa somme des âmes [toutes les âmes] de l'emprise de la Force ; là seulement, pourra-t-il y avoir dissolution de l'univers. Il ne suffit pas, pour libérer Dieu soumis à la Force *(saguńa brahma)*, forme d'ensemble des innombrables âmes, de libérer des mil-

---

[1] Les *guńa*, ce sont les trois aspects caractérisants de la Force : statique ou inertiant (matérialisant), mutateur (ou activant) et conscient (spiritualisant/ éveillant). (ndt)

liards d'âmes, parce qu'il resterait encore d'innombrables âmes désireuses de se libérer. [En effet], quel que soit le nombre qu'on soustraie à l'infini, le résultat est infini. De ce fait, [même] avec la libération de milliers de milliards d'âmes, les ondes mentales de Dieu muni des liens caractérisants de la Force maintiendront encore, c'est certain, un nombre infini d'âmes sous l'emprise de la force opératrice. Ce qui veut dire que tant qu'il y aura la moindre âme non libérée, les ondes mentales de l'Esprit ne s'arrêteront pas et qu'il n'y aura pas non plus de dissolution de la création.

Ce monde est une création imaginaire de Dieu *(saguńa brahma)*. Comment il se crée dans l'imagination/la pensée de Dieu requiert quelques explications. Quelqu'un qui se trouve à Bhâgalpur peut, avec le soutien de son moi, percevoir en esprit, sous l'effet de son substrat mental, le quartier Chowringhee de Calcutta par exemple. C'est de même grâce aux instructions du moi divin que le substrat mental de Dieu prend la forme de ce monde manifeste. Ce substrat mental devient progressivement, en s'individualisant en tant que partie du psychisme, ce monde, manifestation psychique de Dieu. Au moment où il prend la forme, disons, de Chowringhee, le substrat mental, entité subtile, se transforme en le grossier Chowringhee ; parce que pour prendre la forme de quelque chose de grossier [de physique, de matériel], le substrat mental doit, de subtil, se transformer en grossier. Cette transformation n'est pas soudaine, le substrat mental adopte un état grossier progressivement et c'est ce qui lui permet de prendre de façon exacte l'apparence du grossier. Quand, par exemple, on prépare des friandises de lait condensé à partir de lait, le lait se concentre progressivement, jusqu'à devenir solide. C'est de même que la subtile entité qu'est le substrat mental de Dieu se transforme en élément solide, acquérant progressivement une nature matérielle sous la pression resserrée des liens de la force opératrice. La création s'accomplit ainsi par une transformation du substrat mental qui n'est rien d'autre qu'un abaissement progressif du subtil jusqu'au grossier.

Comment la Création, partant du subtil, devient-elle grossière ? En Dieu se manifestant *(saguńa brahma)*, la force opératrice attribue des liens caractérisants *(guńa)* à l'Esprit ; ce sont ces liens qui créent l'univers. Comme dans le cas de l'âme individuelle, le principe mental *(buddhitattva)* se manifeste et la conscience de soi s'éveille en l'Esprit sous l'effet des liens de la Force qui attribuent une nature consciente *(sattva)*. Puis, advient le moi, sous l'action, sur le principe mental, des liens de la force opératrice qui imposent le caractère activant *(rajah)*. Enfin, le substrat mental naît grâce aux liens de la Force qui imposent le caractère statique *(tamah)* au moi.

Le psychisme se compose de ces trois entités subtiles que sont le principe mental, le moi et le substrat mental. L'univers, subtil, de nature abstraite qu'est le psychisme de Dieu se manifestant, est ainsi créé par les liens caractérisants de la force opératrice. Le principe mental, le moi et le substrat mental sont nés de la transformation graduelle de l'Esprit. Le principe mental est le plus subtil d'entre eux, le moi, qui en dépend, est moins subtil, et encore en dessous vient le substrat mental, qui est l'objet du moi. Dans le principe mental, seule est présente la conscience d'exister. Dans le moi, se rajoute aussi à cela, le sentiment d'être celui qui agit. Ayant une capacité de plus que le principe mental, le moi est plus grossier que lui. Le substrat mental se transforme en l'objet du moi, il est de ce fait plus grossier que le moi. Nous voyons donc que la manifestation graduelle de la création s'effectue du subtil au grossier.

[Dieu se manifestant *(saguńa brahma)* :]

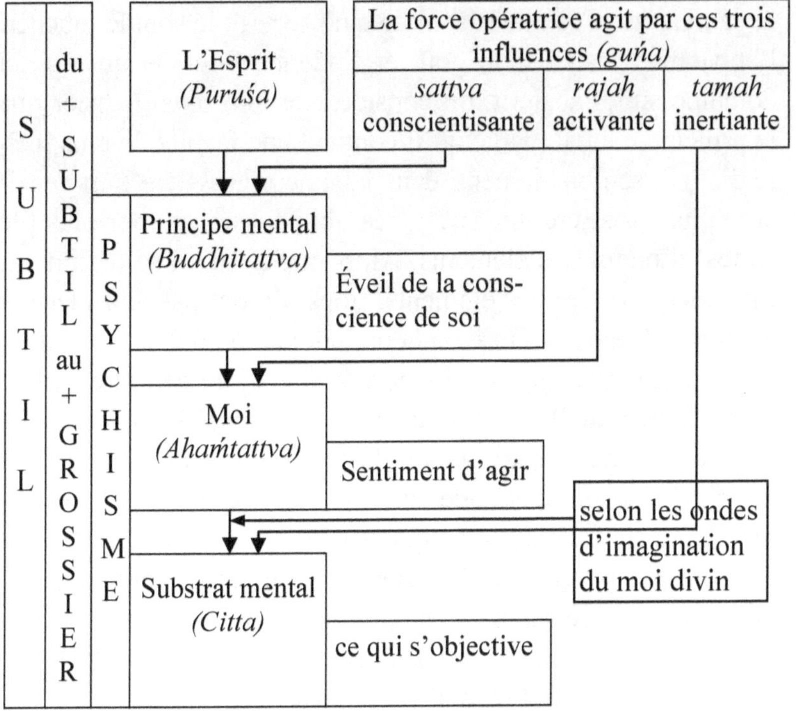

Nous avons vu précédemment que ce monde était une création mentale de Dieu *(Bhúmámánaser kalpaná)*. La pression activante [de la force] fait naître des vibrations imaginatives dans le moi de Dieu *(saguńa brahma)*, et son substrat mental – objet du moi –, prend la forme de cet univers grossier. C'est-à-dire que le substrat mental devient, de subtil, véritablement grossier ; il prend graduellement, en se transformant en grossier, la forme des cinq éléments fondamentaux : l'éther, l'air, le feu, l'eau et la terre[1]. Ces cinq éléments fondamentaux sont grossiers et l'univers a été créé à partir d'eux.

---

[1] Autrement dit, les éléments espace, gazeux, lumineux/énergie, liquide et solide *(vyoma/ákásha, marut/váyu, tejas/agni, jala* et *kśiti/prthivii)*. (ndt)

Nous appelons ondes des éléments *(tanmátra)* la forme subtile sous laquelle les organes sensoriels perçoivent la nature de la matière. Ces ondes sont de cinq sortes : le son, le toucher, l'apparence visuelle, le goût et l'odeur[1]. Pour ce qui est du domaine subtil/abstrait, on considère le moi plus grossier que le principe mental, parce qu'il contient une faculté de plus [celle d'agir], semblablement, dans la sphère grossière[2], on considère plus grossière une substance qui peut transporter plus [de sortes] d'ondes des éléments. Alors que le subtil se définit par l'absence d'ondes des éléments. Elles n'y ont pas leur place et ne peuvent donc pas être de la moindre aide pour le connaître ; seule la conception/la méditation *(bhávaná)* le peut, l'effort de nature conceptuelle du psychisme qui s'associe à l'objet.

Le substrat mental prenant la forme de ce monde matériel *(jaŕa)*, il contient des ondes des éléments. C'est d'ailleurs lui-même qui se transforme en ondes des éléments puisque celles-ci n'ont pas d'autre lieu où exister, ne pouvant venir d'aucun autre endroit. Ce monde des cinq éléments[3] et aux cinq ondes des éléments/ondes associées au sens est ainsi la manifestation graduelle du substrat mental.

Ce qu'on appelle éther ou élément espace *(vyoma* ou *ákásha)* est le vide infini qui entoure les planètes, les étoiles, etc. Bien que vide signifie qu'il n'y a rien, on le qualifie de grossier *(sthúla)* parce qu'il transporte une onde élémentaire *(tanmátra)*, celle du son[4]. Les scientifiques parlent d'*éther*. Le vide/ l'espace ou *éther* n'a ni forme ni poids, mais il est traversé par les ondes primitives/élémentaires *(tanmátra)* du son et contient

---

[1] *« Shabda, sparsha, rúpa, rasa* et *gandha »* ; le terme *rúpa* (l'apparence) est souvent traduit par « forme » (un des sens de *rúpa*). (ndt)

[2] C'est-à-dire la sphère des éléments de la matière. (ndt)

[3] *« Paiṇca-bhaotika »* (« des/aux cinq *bhúta* (éléments) »). (ndt)

[4] Même si ce son est pas audible, il se manifeste sous la forme de vibrations électromagnétiques ; et ce sont ces ondes dont il est question en fait, cf. note 1 p. 110. (ndt)

donc quelque chose qui rend possible la présence des ondes élémentaires du son en lui[1] ; c'est pour cette raison que nous qualifions l'éther de grossier *(sthúla)*. C'est cependant le plus subtil des états grossiers[/des états de la manifestation)] parce qu'il ne comporte qu'une seule onde des éléments. C'est ainsi qu'à la première étape de la manifestation de l'univers, se sont formés l'onde primitive du son et l'élément espace.

Après s'être transformé en élément espace, le substrat mental [divin] se transforme en élément air, plus grossier, qui contient les ondes primitives du son et du toucher. L'air, dont on peut sentir la présence par le toucher, transmet les ondes sonores d'un endroit à l'autre. Nous percevons donc deux ondes élémentaires dans l'air : le son et le toucher ; l'élément air est de ce fait plus grossier que l'élément espace (qui lui n'en contient qu'une, celle du son).

Dans la succession par étapes vers le grossier, après l'air, le substrat mental se transforme en élément feu *(tejah[2])*. Dans le feu *(águna)*, il y a, en plus du son et du toucher, l'onde élémentaire de l'apparence/correspondant à la vue *(rúpa)*, puisqu'on peut aussi voir le feu. C'est pourquoi l'on considère l'élément feu comme plus grossier que l'élément air [puisqu'il contient une variété d'ondes des éléments de plus que l'air].

Après s'être transformé en élément feu, le substrat mental se transforme en élément eau, acquérant un état tangible *(sthúla)*. L'eau est l'élément liquide et a un goût. On peut entendre du son dans l'eau, on peut toucher l'eau, la voir et l'on en reçoit des ondes élémentaires du goût. L'élément eau est ainsi, parce qu'il contient quatre sortes d'ondes des éléments, plus grossier que l'élément feu.

En se transformant en élément terre/solide, le substrat mental atteint un état encore plus grossier. L'élément terre

---

[1] Autrement dit quelque chose qui en est le support. (ndt)
[2] *Tejas* se traduit également par énergie. (ndt)

comporte en plus du son, du toucher, de l'apparence et du goût, l'onde élémentaire de l'odeur *(gandha)*. L'élément solide des fils téléphoniques transmet le son, et l'on peut toucher et voir cet élément qui a aussi du goût et de l'odeur. Contenant les cinq ondes des éléments, l'élément *(tattva* ou *bhúta)* terre est donc la manifestation la plus matérielle/grossière *(jaŕa)* du substrat mental.

		L'élément	transmet les ondes *(tanmátra)* (correspondant aux sens)
G R O S S I E R	du + sub til au + gros sier	Éther	sonores
		Air	sonores et tactiles
		Feu	sonores, tactiles et lumineuses
		Eau	sonores, tactiles, visibles et du goût
		Terre	sonores, tactiles, visibles, du goût et d'odeur

[Rapport des éléments au sens]

C'est ainsi progressivement que le substrat mental, sous l'effet du désir divin *(saguńa brahma)*, part du subtil et suit l'imagination du moi divin jusqu'à prendre la forme de l'élément solide, manifestation la plus matérielle/inerte *(jaŕa)*. L'action extrême des liens de la force opératrice a tout naturellement conduit au point extrême du chemin vers le grossier, la subtile entité spirituelle se retrouvant finalement transformée en l'insensible élément solide. Après avoir attribué cette extrême contrainte à l'Esprit, Âme universelle, la force opératrice a perdu toute sa puissance délimitante ; autrement dit, elle ne peut pas rendre l'Esprit plus grossier. Ce qui fait qu'arrivés à l'état solide, l'Esprit comme la Force se retrouvent inertes *(a-cetana)*, dans l'état solide. L'Esprit ne peut pas être plus grossier *(sthúla)*, et la force opératrice a elle-même perdu la capacité de le rendre plus grossier. Dans ces circonstances, on pourrait se demander si, l'Esprit et la Force ayant tous deux atteint leur maximum d'inertie *(jaṛatva),* cela marque la fin de la création. D'un autre côté, à la vue des êtres sensibles, des plantes, des insectes, des animaux à quatre pattes, des oiseaux, etc. s'éveille une interrogation puisqu'on ne les a remarqués nulle part au cours des étapes de la manifestation de l'univers : comment sont-ils apparus ?

Selon que l'Esprit est soumis à des liens caractérisants fermes ou relâchés, il est plus ou moins inerte ou subtil. C'est pourquoi nous voyons que le subtil Esprit devient, dans l'élément solide où il est soumis au maximum aux liens caractérisants, complètement inerte. Cependant, même si les plantes et les animaux – apparaissant après l'élément solide – proviennent des cinq éléments, on ne peut pas les considérer comme de la matière insensible ou inanimée car la vie est clairement présente en eux. Je dis qu'ils apparaissent après l'élément solide parce qu'ils ne se manifestent nulle part avant l'élément solide. Nous allons voir clairement qu'après avoir atteint l'état final de la route vers le grossier (autrement dit, l'élément solide), le substrat mental divin/universel *(bhúmá)* s'est à nouveau dirigé vers un état subtil, par étapes, en progressant sous la forme des plantes et des animaux selon un cheminement inverse [de celui vers le grossier]. Le substrat mental divin *(bhúmá citta)* [y] a acquis un état subtil par étapes, comme il en a été pour son état matériel. De même que du beurre ne fond pas d'un seul coup, l'inerte élément solide ne peut pas devenir tout à fait subtil soudainement. On comprend bien, en voyant l'évolution de la vie animale et végétale, que le substrat mental universel a acquis un état de plus en plus subtil progressivement.

À l'origine des premières formes de vie végétale sur la Terre, il y eut un genre végétal de type algue/lichen *(sheolá)* qu'on a appelé *káyii.* Aussi indistincte ou vague que soit la vie *(caetanya)* qui s'y manifestait, elle y était présente ; nous ne pouvons donc pas le qualifier de matière inanimée. Sont ensuite apparues les plantes à feuilles et à fleurs chez qui la vie se manifeste de façon encore plus visible. Après cela vinrent, en une succession, les êtres vivants doués de motilité, des inférieurs aux supérieurs. Ce mouvement graduel de la création vers le subtil aboutit à l'apparition de l'être humain. Nous pouvons donc considérer ces *káyiis* comme le premier niveau de manifestation de la vie. La création a évolué en s'améliorant, par étapes, à partir du *káyii* jusqu'à l'état de l'être humain.

L'Esprit *(caetanya)* se reflète/s'exprime plus clairement dans une entité subtile que dans une entité grossière/inerte *(jaŕa)* : la clarté ou le caractère indistinct de ce reflet dépend du niveau de subtilité/sensibilité ou alors d'insensibilité [de l'entité]. En ce qui concerne le développement des êtres vivants, l'être humain est la manifestation la plus subtile et le *káyii*, la plus grossière.

La Création progresse de la matière inerte *(jaŕa)* vers l'Esprit subtil, libre de tout lien, par un mouvement continu vers le subtil. C'est-à-dire que la première phase de la création – qui s'achève dans la matière inerte *(jaŕa)* (l'Esprit contraint par la Force *(prakrti)*) – est suivie d'une deuxième phase où l'entité matérielle/inerte *(jaŕa)* progresse vers l'Esprit, subtil, qui lui est toujours inséparablement lié. On voit ainsi que le cycle de la création suit deux voies, celle du grossier puis celle du subtil.

Cette création est la construction mentale de Dieu se manifestant *(saguńa brahma)*. L'Esprit se manifestant, c'est-à-dire aux mains des liens caractérisants de la Force, se transforme en élément solide en tant qu'état final du chemin vers le grossier puis, au cours d'un cheminement inverse, se développe en un être humain à la conscience éclairée, état final du chemin [de retour] vers le subtil.

La création descend jusqu'à l'élément solide par un abaissement ininterrompu et graduel de l'Esprit. Puis elle progresse continuellement, par paliers, jusqu'à la pleine manifestation de la conscience en l'être humain.

Nous en concluons que l'être humain est la manifestation la plus élevée et finale des ondes de pensée de Dieu se manifestant et que l'étape suivante est pour lui l'immersion dans l'Esprit divin subtil, de nature abstraite. Autrement dit, l'être humain est, dans le développement graduel de la manifestation, au sommet de l'échelle de la création de la vie.

L'éther et l'être humain sont ainsi les étapes, respectivement, première et dernière de la manifestation psychique de Dieu.

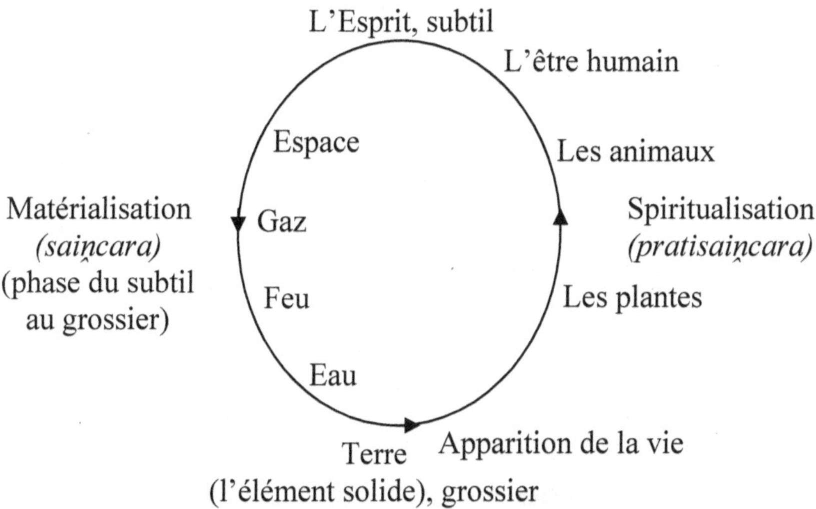

[**Le cycle de la création**, la manifestation psychique de Dieu]

On voit dans ce monde, outre des milliards d'êtres humains, d'innombrables créatures animales et végétales formées des cinq éléments. L'Esprit se manifestant aujourd'hui en l'être humain existait certainement à l'état dormant, caché au stade initial, autrement dit dans l'élément éther. Il s'est manifesté à partir de l'éveil progressif complet de ce potentiel endormi dans les éléments air, feu, eau et terre.

Avec la manifestation graduelle de l'univers, au fur et à mesure que l'éther se transforme en air, l'imagination divine recrée en elle-même de l'éther, l'air ne pouvant pas occuper un espace inexistant[1].

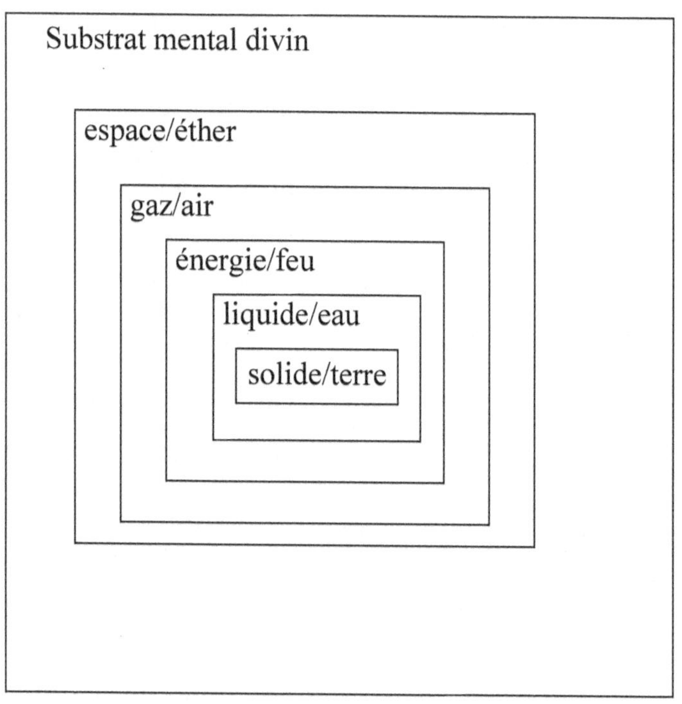

[Apparition progressive des cinq éléments
– Première phase de la création –]

Chaque élément se transforme en l'élément suivant plus grossier selon un chemin séquentiel, la création du dernier élément s'effectuant à partir du potentiel dormant dans l'élément précédent plus subtil. C'est pour cela que l'entité spirituelle

---

[1] L'éther étant l'élément espace. (ndt)

présente à l'état profondément endormi dans l'élément éther (première étape de l'imagination divine), et qui progresse dans le flot séquentiel de la création selon un mouvement vers le grossier puis le subtil, s'est transformée aujourd'hui en conscience humaine. Le grain de sable inanimé auprès de moi que je regarde avec indifférence parce qu'il ne manifeste pas de conscience aujourd'hui, se transformera un jour, au cours du mouvement en avant graduel de la création, en la conscience développée de l'être humain.

De la nature subtile de Dieu *(saguńa brahma)* et du mouvement continu vers le grossier puis vers le subtil du cycle de la création que l'on peut observer, nous concluons que la création a son origine et sa fin en Dieu.

La véritable nature de l'Esprit *(puruśa)* est le subtil ; dans l'élément solide, l'extrême inertie de l'Esprit provient de la contrainte extrême que lui inflige la force opératrice. À la phase suivante de la création, qui consiste en une diminution graduelle de l'inertie selon un mouvement par étapes vers l'état libre des contraintes de la Force *(nirguńa)*, l'Esprit se libère peu à peu des liens de la Force ; c'est-à-dire que l'Esprit qui suit la route vers le subtil se libère des liens de la force opératrice. Ainsi, sur le chemin vers le grossier, l'intensité de la contrainte de la Force au stade de l'élément solide fait perdre à l'Esprit ce qui le caractérise, en le réduisant à l'inertie de l'élément solide. L'utilisation extrême de la puissance de contrainte de la Force, présente à cet état final du chemin vers le grossier, finit par utiliser toute la capacité de contrainte de la Force. Tandis que sur le chemin conduisant au subtil, autrement dit la deuxième phase du cycle de la création, le reflet[1] de l'Esprit [l'âme/la conscience] se libère progressivement de la domination de la Force naturante. Cette libération progressive de

______

[1] Sur le psychisme individuel, autrement dit sa manifestation. (ndt)

l'âme/l'esprit fait qu'alors, la Force ne peut plus lui imposer ses liens caractérisants de façon complète. Or la caractéristique intrinsèque de la Force consiste à contraindre l'esprit, on peut donc se demander si, dans l'état de contrainte, l'esprit peut se libérer de ses liens.

Sous l'action contraignante de la Force, l'Âme universelle ou Âme totale se divise en d'innombrables âmes (individuelles). Quelques-unes d'entre elles endossent la forme de l'élément solide et sont, sur le chemin conduisant au subtil de cette création, progressivement libérées de l'emprise de la force.

Le cycle de la création provient de Dieu se manifestant *(saguńa brahma)* ; l'acquisition de la matérialité par une âme tout comme sa libération des liens de la Force dépendent donc entièrement de lui. Si Dieu se manifestant n'était pas lui-même une entité libre, pourrait-il libérer une individualité ? Quelqu'un d'enchaîné ne peut pas délivrer quelqu'un d'autre de ses chaînes, alors qu'un individu libre le peut facilement. Dieu se manifestant, qui est celui qui permet la libération des individus, est donc sans aucun doute un être libre *(mukta puruśa)*.

Que veut-on dire par entité libre *(mukta puruśa)* ? En Dieu transcendant *(nirguńa brahma[1])*, l'Esprit *(puruśa)* et la Force *(prakrti)* sont tous deux autonomes, libres et indépendants ; la Force ne peut pas contraindre *(guńa)* l'Esprit : l'Esprit est, dans le Transcendant, libre de l'influence de la Force. Ainsi, l'être libre est celui qui a atteint, par la pratique spirituelle, l'état transcendant au-delà de l'action de la Force *(nirguńa)*. Quand, dans le but de promouvoir la libération d'autrui, il se soumet librement aux liens de la Force pour une période déterminée, la Force ne peut pas, cette période achevée, continuer à lui imposer de liens parce qu'il a le rang de ce qu'on peut qua-

---

[1] Littéralement « Dieu libre des liens (de la Force) » ; Dieu *(Brahma)* est l'ensemble Esprit et Force. (ndt)

lifier d'être [ou d'esprit] libre *(mukta puruśa)*. L'être libre est ainsi celui qui est arrivé à l'état transcendant et qui s'est soumis de sa propre volonté aux liens de la Force, en vue du bien général.

N'étant pas gouverné par la Force, l'être libre n'est pas source d'asservissement pour autrui. Parce que pour qu'il devienne l'instrument de la servitude d'autrui, il faudrait qu'il soit soumis à l'autorité de la Force. Dieu se manifestant étant un être libre, il ne peut pas lier autrui.

Même si Dieu se manifestant *(saguńa brahma)* est un être libéré *(mukta puruśa)*, les innombrables individus issus de lui ne le sont pas. Dieu se manifestant ayant voulu que les liens de la Force naturante leur soient imposés, il est la cause indirecte de leurs liens ; d'ailleurs lui aussi vient d'un état lié. Mais pourquoi la multitude de ces parcelles [de lui] ont-elles été soumises aux liens de la force naturante *(prakrti)* et pourquoi ce monde a-t-il été créé ?

Nous avons vu qu'on qualifiait d'être libre *(mukta puruśa)* celui qui, ayant atteint l'état hors des liens de la Force *(nirguńa)* se soumet librement, dans un but altruiste, à l'autorité de la force naturante. Après avoir acquis l'état transcendant, Dieu se manifestant s'est, en tant qu'être libre, volontairement soumis aux liens de la Force pour le bien général. Le vrai bien pour une conscience individuelle est de la faire retourner par elle-même à l'état de sa nature propre, là où la Force ne peut plus étendre sur elle la moindre autorité.

La source de l'authentique, et jusqu'à présent dormant, bien humain, se trouve dans la délivrance des liens de la Force. Parce que c'est cela qui installe dans l'état suprême de l'Esprit. Dès que Dieu se manifestant s'est soumis aux liens de la Force – lui dont le noble but est de faire progresser chacune de ses âmes vers l'état d'être libre *(mukta puruśa)* – la multitude des âmes a été soumise à la Force. C'est dans le but de rendre chaque esprit/âme libre que Dieu se manifestant s'est soumis à la Force et, tant que chaque âme ne sera pas libérée ou devenue un être libre comme lui, il n'interrompra pas son effort.

Une question se pose maintenant : Dieu se manifestant étant une entité libre des liens de la Force, pourquoi, puisqu'il pourrait libérer les individus de par son seul désir vu son autorité souveraine, ne le fait-il pas ? Et pourquoi a-t-il fait naître la création ?

Dieu *(saguńa brahma)* a ressenti le besoin de se diviser en un nombre infini de parcelles, avec le dessein d'instaurer un système de libération de chacune de [ses] parcelles *(ańu)*, et pour ce faire, il est descendu dans la matérialité, parce qu'on ne peut pas diviser au niveau subtil. Prenons le feu par exemple, qui fait partie de l'élément lumineux *(tejas)* plus subtil que l'élément solide *(kśiti)*, pouvons-nous le diviser ? Si l'on rapproche l'une de l'autre deux allumettes enflammées, les deux flammes s'assemblent pour ne faire plus qu'une. Nous aurons beau essayer de distinguer deux flammes, nous n'y arriverons pas. Tandis que si l'on mêle deux poignées de terre, l'on peut très facilement les séparer en deux parties. On ne peut, en aucune façon, séparer l'eau, le feu, l'éther, comparativement subtils, et encore moins la subtile Âme universelle *(bhúmácaetanya)*. On ne peut bien diviser, comme on le souhaite, que l'élément solide. On peut donc tout à fait et raisonnablement dire que Dieu a pris la forme de l'élément solide, descendant jusqu'à l'état matériel, étape finale [de la phase] partant du subtil, pour se diviser en d'innombrables âmes.

C'est dans l'élément solide que se manifeste l'âme/la conscience individuelle. Ainsi, dans la succession que constitue la phase de matérialisation *(saińcara)*, Dieu *(saguńa brahma)* finit, au point où culminent les liens caractérisants de la Force, dans l'élément solide. Il progresse ensuite à nouveau vers la libération des liens, sur la voie conduisant au subtil du mouvement de retour de la manifestation *(pratisaiṇcara)*[1].

L'Esprit désire se libérer des liens de la Force, permettre la manifestation progressive de sa nature subtile et ainsi le retour à l'état final de Dieu libre de tout lien *(nirguṅa brahma)*. Dans la première phase de la création, autrement dit au cours du mouvement allant du subtil au grossier, l'Âme universelle *(bhúmácaetanya)* se divise en d'innombrables âmes puis, dans l'étape suivante allant du grossier au subtil, libère toutes ces âmes des liens de la Force. Dieu veut la libération de chaque individualité/parcelle [de lui] *(aṅu)*. Dans ce but, il s'est manifesté par le cycle de la création qui consiste en un mouvement graduel de matérialisation *(saiṇcara)* suivi d'un retour de la manifestation *(pratisaiṇcara)* [en l'Esprit].

C'est ainsi, pour faire de chaque âme un esprit libre *(mukta puruśa)*, que Dieu a fait naître la création, a créé l'univers.

Pour devenir libre, il faut atteindre l'état libre des liens de la Force *(nirguṅa)*, accomplissant ainsi la volonté divine. Nous devons maintenant examiner quel est, dans l'obtention de l'état libre des liens de la Force par les entités individuelles, le rôle de Dieu *(saguṅa brahma)*.

Les innombrables âmes se manifestent dans ce monde créé qui dépend de l'imagination *(kalpaná)* de Dieu, dans les ondes mentales *(saṁvedana)* du Créateur. Tout comme la création mentale d'une personne est confinée à son univers mental (personne d'autre ne peut voir ses pensées), le psychisme individuel créé par l'imagination divine, est confiné au domaine mental de Dieu.

Puisque la conscience individuelle est à l'intérieur du psychisme universel *(bhúmámánasa)* et régie par lui, il ne lui est

---

[1] Voir schéma du cycle de la création p. 53. (ndt)

pas possible d'accéder à l'état libre de tout lien *(nirguńa)*. L'individu ne peut donc pas y accéder par son seul effort persistant de libération. Cela veut-il dire que le désir divin de libérer chaque individualité est vain ? Demandons-nous comment le désir, la volonté divine peut s'accomplir.

L'existence de Dieu *(brahma)* est, comme celle de la force opératrice *(prakrti)*, sans commencement ni fin. Là où la force opératrice prédomine, à cause de l'état moins dense/moins intense *(aghana)* de l'Esprit *(puruśa)*, Dieu se retrouve muni de liens caractérisants *(guńa)*, on le dit alors « caractérisé » *(saguńa)*.

L'Esprit non dense existe aussi depuis toujours en Dieu éternel, et la Force *(prakrti)* l'y caractérise depuis toujours. Dieu caractérisé *(saguńa brahma)* est depuis toujours et à jamais muni de liens caractérisants *(guńa)*. Nous avons pourtant admis tout à l'heure que Dieu caractérisé était un être libre. L'on peut donc dire que Dieu caractérisé a, tout d'abord, été lié *(baddha puruśa)* puis est devenu libre. On peut, dans ces conditions, se demander qui, à part lui-même *(puruśa)* et la Force *(prakrti)*, a pu le libérer ; mais comme il n'y a pas de troisième entité, le seul moyen pour Dieu/l'Esprit *(puruśa)* de se libérer [de l'autorité de la Force] est de par sa propre volonté et son propre effort.

On appelle l'effort persistant *(praceśt́á)* visant à se libérer de l'autorité *(prabháva)* de la Force, l'effort/la pratique spirituelle *(sádhaná)*.

Dieu caractérisé à l'état non encore libre est appelé *Prajápati*[1] et Dieu caractérisé libéré par sa pratique spirituelle, *Hirańyagarbha*[2].

Dieu caractérisé souhaite que chacune de ses parcelles ait, comme lui-même à l'état de *Prajápati*, une pratique spirituelle pour devenir un être libre *(mukta puruśa)*. Mais il ne peut pas leur obtenir lui-même l'état sans lien *(nirguńa)*, il n'atteint donc pas son but. Pour arriver à se libérer *(mukti)*, ce qui est le but premier des âmes, il faut rester toujours conscient de son propre état et nourrir un intense désir de libération. Pour celui qui n'est pas conscient de sa dépendance et de sa sujétion, la question de s'en libérer ne se pose pas. Mais l'être humain comprenant la honte d'être lié et dans la dépendance, veut se libérer.

Tant que l'âme n'est pas bien/pleinement exprimée, elle ne peut pas avoir profondément conscience de ses liens ni fournir un effort intense et soutenu pour s'en libérer. C'est pourquoi le désir de salut requiert la présence d'un tel développement. Dans les parcelles *(ańu)* [de l'Esprit] qui sont à l'état inanimé, l'extrême inertie induite par la Force dans l'élément solide ne permet pas que la conscience de l'existence s'éveille, et il est donc complètement impossible pour l'âme dans cet état de matérialité de s'efforcer de se libérer. C'est pourquoi Dieu *(saguńa brahma)* les libère lui-même autant que possible des liens de la Force.

Cet effort persistant de Dieu aboutit, au cours de l'évolution, à l'apparition de l'être humain en qui nous voyons l'âme/ la conscience se manifester pleinement. Cet être humain est parfaitement conscient de ses liens, il est aussi très impatient de s'en libérer. Bien que l'âme/l'esprit ne se manifeste pas non plus complètement en l'être humain, sa manifestation inspire à celui-ci un ardent désir de pratique spirituelle *(sádhaná)* ; c'est à l'aide de celle-ci qu'il se met en situation d'être libéré [des liens de la force]. Dieu *(saguńa brahma)* a ainsi créé ce monde pour créer l'homme, capable de se libérer par sa pratique spirituelle. C'est-à-dire que l'homme a été créé pour qu'il se libère

par la pratique spirituelle. Celui qui n'a pas de pratique spirituelle va à l'encontre de la volonté divine *(bhúmá)* ; sa naissance humaine en devient vaine.

Toute âme, et donc l'âme humaine, dépend du réceptacle
(ádhára) que constitue le corps physique *(paiṇcabhaotika)*.
L'âme (individuelle) se réfléchit sur la scène mentale de l'être
vivant, l'Âme universelle/l'Esprit par contre, n'a pas besoin de
réceptacle grossier comme en a besoin l'homme. Contraire-
ment à l'être humain, Dieu n'a pas de réceptacle [corporel].
L'être humain est un objet imaginé dans la pensée de Dieu et
son existence se situe à l'intérieur du domaine mental divin. Si
Dieu était l'objet imaginé par la pensée d'une autre entité, qu'il
dépende de son univers mental, il aurait aussi eu un réceptacle
grossier. Mais puisqu'il est une entité sans commencement ni
fin, indépendante de l'espace, du temps et de tout objet/per-
sonne *(desha-kála-pátra)*, la question que son être *(kśetra)* ait
besoin d'un réceptacle ou dépende de la moindre entité ne se
pose pas.

L'âme est l'entité témoin/spectatrice *(sákśii)* du psychisme
individuel, l'expression *(pratiphalita)* individuelle de l'Âme
universelle *(Bhúmácaetanya)*, elle-même l'entité témoin du
Psychisme universel. L'être humain a, comme Dieu se manifestant, une expression psychique [l'être humain a un monde
intérieur]. Tout comme Dieu se manifestant crée ce monde par
les ondes de son imagination, l'être humain lui aussi crée avec
les ondes de son imagination. Une personne peut créer les
ondes mentales de Chowringhee tout en étant assise à Bhâgalpur, mais cette imagination n'est que momentanée et n'apparaît
réelle que dans son esprit. Ce monde, d'un autre côté, est une
création imaginaire de Dieu, les individus qui en dépendent
sont sous l'influence des ondes de l'imagination divine, ils le
ressentent comme quelque chose d'en quelque sorte éternel.
L'expansion des ondes mentales de Rama est confinée à son

psychisme individuel et le psychisme de Shyama ne peut pas la prendre pour la réalité. Mais si le champ psychique de Rama englobe le psychisme de Shyama, Shyama ressent, comme Rama, les ondes d'imagination de ce dernier comme réelles. Nous avons vu précédemment qu'en élargissant son esprit, on pouvait étendre son autorité [psychique] sur le champ mental d'une autre personne ; les personnes soumises à cette autorité prennent alors ce qu'on imagine pour la réalité. L'être humain peut ainsi créer des ondes d'imagination, mais cette création personnelle dépend de ce qu'il a précédemment perçu. Il doit avoir déjà vu ou entendu ce qu'il crée dans son imagination[1]. Tandis que Dieu *(Brahma)* est parfaitement indépendant *(sarva nirapekśa)* et il n'y a donc rien au-delà ou avant lui [rien d'autre que lui] qu'il puisse copier en imagination. L'imagination que Dieu déploie ne dépend donc pas, comme celle de l'homme, d'une perception précédente, elle est constamment neuve.

La différence principale entre Dieu et l'être humain vient de leur qualité propre *(dharma)*, de leur particularité intrinsèque *(sattágata vaeshiśtya)*. Celle de l'être humain est d'avoir une pratique spirituelle pour devenir un être libre *(mukta puruśa)* tandis que celle de Dieu consiste à fournir à chaque individu l'inspiration d'en devenir un. Derrière la création de l'univers et de l'homme, un seul but sous-tend en réalité l'effort persistant de Dieu *(saguńa brahma)*, celui d'instaurer un système aboutissant à la libération de chaque individualité *(ańu)*.

1955

---

[1] Il compose ce qu'il crée dans son imagination à partir de choses qu'il a déjà vues ou entendues. (ndt)

4. Qui ou que suis-« je » ?

L'homme apparaît au sommet de l'échelle de l'évolution. Son corps, fait des cinq éléments fondamentaux, provient du corps mental de Dieu *(saguṅa brahma)* et permet à l'Esprit *(caetanya)* de s'y manifester pleinement *(vyápaka)* et clairement. On appelle conscience individuelle ou âme *(aṅucaetanya ou átmá)* ce reflet de l'Esprit, et corps humain, ce corps physique. Autrement dit, on a d'un côté l'âme ou la conscience humaine et de l'autre le corps humain. L'être humain possédant les deux, il n'est ni l'un ni l'autre, parce que s'il était l'âme/la conscience, il ne pourrait pas dire « mon âme/ma conscience » et s'il était le corps, il ne pourrait pas non plus dire « mon corps ». Il y a donc en plus de l'âme/la conscience et du corps, une autre entité qui en est la propriétaire. Voyons maintenant quelle est cette entité.

Le subtil sentiment de je/de soi-même *(ámitva)* est quelque chose de mental *(bhávamaya)*. En y réfléchissant à peine un peu profondément, on comprend qu'il apparaît avec l'activité mentale *(abhibhávana)*[1]. Pour penser comme pour agir, la conscience *(caetanya)* est nécessaire, le sentiment de je dépend donc aussi d'elle. Autrement dit, le sentiment de je est la manifestation mentale de l'âme *(caetanya)*. En l'absence de l'âme, le sentiment d'exister et le sentiment de je qui en dépend ne peuvent pas apparaître.

---

[1] « Je pense donc je suis » dit Descartes. (ndt)

L'âme[1] faisant partie de Dieu se manifestant *(saguṅa brahma)*, elle est comme lui sous l'effet des liens caractérisants de la Force. Le sentiment d'exister s'éveille en l'âme et le je qui dépend de ce sentiment d'existence apparaît sous l'influence conscientisante de ces liens. Le je individuel se trouve donc être, puisqu'il dépend de l'emprise conscientisante de la force opératrice sur l'âme, de nature psychique[2] *(bhávaná)*. Le sentiment d'existence de l'être humain n'est donc pas la même chose que son âme. Un poteau de bois n'est pas l'arbre lui-même, bien qu'il en dépende. De même, ce sentiment de je né de la pression de nature consciente de la force [sur l'âme], n'est pas non plus l'âme, bien que son existence en dépende.

Nous avons vu précédemment que le principe mental *(buddhitattva)* naissait de l'action des liens de la force opératrice attribuant le caractère conscient *(sattva)*, sur l'âme, et que ces liens éveillaient en l'âme le sentiment de l'existence et de je[3]. Le je d'un individu n'est donc pas son âme mais son principe mental *(buddhitattva)*, qui est l'une des parties composant son psychisme. Le sentiment de je, d'existence, de l'être humain est contenu dans son principe mental. Ce principe mental est plus subtil que le moi [(le « je » agissant)] et le substrat mental. Nous avons vu dans le premier chapitre que le moi naissait sous l'effet des liens de nature activante de la force opératrice sur le principe mental, et que le substrat mental naissait sous ceux de nature statique. C'est-à-dire que la tendance activante de la force opératrice sur le principe mental et sa tendance statique sur le moi ont respectivement produit le moi et le substrat mental.

---

[1] *Átmá,* que l'on appelle aussi *aṅucaetanya* ou *aṅupuruśa* [*aṅu* signifiant parcellaire, autrement dit individuelle (ndt)].

[2] C'est-à-dire mentale, et non purement spirituelle. (ndt)

[3] Voir les schémas p. 16 et 23. Attention il s'agit ici du pur sentiment de je, d'existence, de soi-même, et non du je agissant autrement appelé moi. (ndt)

L'âme dépend du corps (formé des cinq éléments provenant du psychisme divin) pour se refléter/s'exprimer. Le principe mental, ou sentiment de je, naissant de l'action de nature consciente de la Force sur l'âme, il dépend donc du corps. Ce sentiment de je imprégnant le moindre atome du corps, l'être humain ressent que chaque partie de son corps est lui-même.

Nous avons vu, en les considérant d'un point de vue existentiel *(sattágata)*, que le sentiment de je et le corps n'étaient pas la même chose. Le sentiment de je est le principe mental tandis que le corps en est la demeure, le réceptacle individuel.

Le sentiment de je de l'être humain n'est ainsi ni son âme ni son corps. C'est une manifestation mentale de l'âme à qui l'on a attribué le nom de principe mental *(buddhitattva)* et dont les deux manifestations grossières sont en ordre successif de manifestation, le moi et le substrat mental.

1955

5. Quel est mon lien avec Dieu et comment j'interagis avec ce monde ?

Lorsque l'Esprit *(puruśa* ou *caetanya)* se libère des liens de la force opératrice, il atteint l'état transcendant *(nirguńa)*, la nature divine essentielle *(brahmasvarúpa)*. Quant à Dieu muni des liens caractérisants de la puissance opératrice – l'Être suprême sur laquelle la force opératrice exerce ses liens caractérisants, qui dépend de ces liens – on le nomme aussi *Bhagaván*. Sachant cela, on peut aussi qualifier de *Bhagaván*[1], l'âme *(átmá* ou *ańucaetanya)*, qui fait partie du domaine qui dépend des liens de la Force *(saguńa)*. En se libérant de ces liens, l'âme, qui est *Bhagaván*, se fond en Dieu transcendant ; elle atteint l'état suprême.

Nous avons vu au chapitre précédent que le sentiment de je *(ámitva bodha)* de l'être humain n'était pas son âme mais seulement une manifestation grossière de celle-ci. Le sentiment de je de l'être humain n'est donc pas Dieu mais un état abaissé, transformé de Dieu. Par exemple, quand Râma joue sur scène le rôle de Shajahan, on l'appelle Shajahan. Bien que ce soit en fait Râma qui joue ce rôle, on ne l'appelle pas Râma[2]. De même, tant que le sentiment de je d'une personne transmet l'identité d'une individualité particulière, cette personne vit une existence séparée de l'âme *(átmá)* qui est Dieu *(Bhaga-*

---

[1] *Bhagaván* défini p. 33. (ndt)

[2] Le choix du prénom Râma n'est pas ici anodin, Râma, dans le conte du Râmâyańa, est assimilé à Dieu, il est la perfection faite homme. Shâh-jahân (littéralement « roi du monde ») est un fameux empereur moghol du 18e siècle. (ndt)

ván). Autrement dit, le sentiment de je d'une personne la maintient séparée de son âme, de Dieu. À la fin de la pièce où il jouait Shajahan, Râma reprend son rôle de Râma. De même, quand l'âme se libère des liens caractérisants de la Force, elle quitte son état de je et s'absorbe en Dieu libre de tout lien *(nirguńa brahma)*. C'est ainsi le sentiment de je qui maintient l'être humain séparé de son âme.

Le sentiment de je étant une manifestation grossière de l'âme, il se différencie de l'âme, de Dieu [qui est subtil(e)]. L'âme n'est donc pas responsable de l'état agissant du je ou du sentiment de je. Tout comme Râma jouant le rôle de Shajahan agit en accord avec le personnage de Shajahan et non avec son propre personnage, l'état agissant du je effectue toutes les actions et en supporte les conséquences tandis que l'âme, ne faisant rien par elle-même, ne jouit ou ne souffre pas du fruit [de l'action]. Elle se comporte en spectateur, en simple témoin.

Aux chapitres précédents, nous avons vu que l'âme était une entité témoin et qu'elle n'était connaissable qu'en tant que telle. L'âme est le centre/au cœur de l'état agissant du je qui effectue toutes les actions, [tout en étant] non affectée par celles-ci. L'entité témoin, l'esprit/l'âme *(jiṋátrsattá)* n'a qu'un rôle de spectateur. Elle n'agit pas et ne jouit [donc] pas du résultat [de l'action]. Prenons un match de football par exemple, ce n'est pas aux spectateurs que revient l'honneur de la victoire, ce sont aux joueurs que revient l'honneur de la victoire ou la honte de la défaite. Le spectateur se retrouve dans un rôle de témoin de la victoire ou de la défaite. De façon semblable, l'âme se retrouve aussi dans la situation de témoin des souffrances et des plaisirs vécus et de toutes les actions effectuées par le psychisme individuel.

Le sentiment de je de l'être humain est son principe mental/psychique *(buddhitattva)*. Ce pur je éveille le sentiment de l'existence mais n'effectue pas lui-même la moindre action.

C'est le moi *(ahaṁtattva)*, sa manifestation plus grossière, qui agit et qui jouit du fruit de l'action. Le pur principe mental de nature egoïque *(abhimánii)* qu'est le sentiment de je, n'effectue aucune action par lui-même, et c'est pourquoi il ne jouit pas du fruit des actions. Toutefois, sans le sentiment de je qu'est le principe mental, le moi ne ressent pas le désir d'agir : il tire son action du principe mental. C'est-à-dire que même si le principe mental n'agit pas directement, il reste relié à chaque action et à chaque conséquence indirectement, à travers le moi. Prenons deux grands propriétaires terriens au centre d'une querelle, par exemple. S'il se produit après cela parmi leurs gens rassemblés une bagarre, les deux propriétaires seront autant responsables de ses conséquences. Il en va de même du principe mental d'un individu qui, même s'il n'agit pas directement, n'en reste pas moins indirectement responsable de toutes les actions et résultats des actions du moi.

La pression statique *(tamah)* de la force opératrice sur le moi crée le substrat mental *(citta* [« ce qui est pensé »]) ; c'est-à-dire que le moi évolue en substrat mental, une manifestation plus grossière de lui-même. Nous avons vu que le substrat mental prend, avec l'aide des organes sensoriels[1], la forme que lui indique l'action du principe mental et du moi : le substrat mental prend la forme du livre parce que le moi regarde le livre, entend quelque chose parce que le moi écoute quelque chose. Ce substrat mental est une manifestation grossière du moi, lui-même une manifestation grossière du principe mental. Le substrat mental est ainsi la manifestation la plus grossière du principe mental. Comme le substrat mental est une forme du principe mental et du moi, son expression – qui naît sous l'effet des vibrations sonores, tactiles, visibles, de l'odeur et du

---

[1] L'« organe sensoriel » (ou moteur) *(indriya)* désigne l'organe, avec les nerfs et le cortex cérébral sensoriel ou moteur dédiés. (ndt)

goût transmises par les ondes des éléments – n'est donc qu'une transformation du principe mental et du moi, une transformation qui est la manifestation de leur action.

Ainsi, le principe mental insuffle le désir, le moi accomplit l'action et le substrat mental prend la forme du résultat de l'action. Le psychisme étant l'ensemble formé du principe mental, du moi et du substrat mental, c'est le psychisme qui agit et le psychisme qui jouit du fruit des actions. L'âme est un état au-dessus du domaine psychique, c'est pourquoi elle n'agit pas et ne jouit pas non plus du fruit de l'action ; elle se tient dans le corps en tant que simple témoin.

Dans l'état naturel de Dieu *(brahmasvarúpa)* autrement dit en Dieu libre des liens de la force *(nirguńa brahma)*, l'Esprit et la force opératrice, sa qualité intrinsèque, sont libres de l'autorité de l'autre, alors qu'en Dieu se manifestant *(saguńa brahma)*, l'Esprit est sous l'influence de la force opératrice. L'univers naît de cette suprématie de la force opératrice sur l'Esprit. L'Esprit qui est dans les liens de la force opératrice (le *saguńa puruśa)* ne peut effectuer la moindre action sans le soutien de celle-ci ; et celle-ci, la force opératrice, s'efforce, par des obstacles, de rendre vain tout effort d'action indépendante de l'Esprit. L'être humain, incité par l'Esprit/l'esprit, s'efforce d'infléchir l'autorité de la force opératrice pour se libérer de sa servitude. C'est pourquoi il s'oppose à elle de façon répétée par ses actions. De l'autre côté, la force opératrice travaille à maintenir sa suprématie sur les individus.

Il y a ainsi derrière tous les efforts d'action de l'être humain, l'inspiration de l'âme à se libérer des entraves de la force opératrice ; et les fruits de l'action dont il jouit ou souffre sont la réaction de la force opératrice qui s'efforce de maintenir intacts ses liens.

Voyons maintenant comment on agit et pourquoi l'être humain doit déguster les fruits de ses actes. Les vibrations mentales *(saṁvedana)* de chaque action naissent dans le psychisme – l'ensemble formé du principe mental, du moi et du substrat mental – qui effectue chaque action. Nous avons dit précédemment que le substrat mental reproduisait les vibrations des actions : il prend la forme résultant de l'action. C'est-à-dire qu'à tout changement des vibrations de l'action, le substrat mental se transforme aussi. Quand on regarde un livre par exemple, le substrat mental se transforme en ce livre. C'est ainsi que, dès qu'on agit, le psychisme tout entier, quittant son état naturel, se déforme.

Le psychisme et l'état de je sont l'expression de l'action de la force opératrice sur l'âme/l'esprit *(puruśa)*. Ce n'est donc pas le souhait de la Force que, sous l'inspiration de l'âme, le psychisme se détourne de son état naturel. Le psychisme est sous la domination relative de la force opératrice ; celle-ci crée, à chaque action du psychisme, une réaction qui le fait revenir à son état précédent. Cette réaction est ce qu'on appelle le fruit, ou récompense, de l'action *(karmaphala)*. Le fruit de l'action est ainsi ce qui permet au psychisme déformé de revenir à son état naturel.

Une fois vécue/éprouvée la récompense/punition qu'est la réaction à son action, le psychisme déformé revient à son état précédent. La réaction, le fruit de l'action qui a déformé le psychisme, reproduit la manière dont l'action a été effectuée. C'est-à-dire qu'en ramenant le psychisme à son état normal, la force opératrice applique exactement la même poussée que celle employée contre elle au moment de la déformation du psychisme. Prenons un ballon de caoutchouc par exemple, si on le presse du doigt, la déformation qui s'y inscrit n'est que provisoire. En effet quand on soulève le doigt, l'on perçoit un mouvement identique de nature opposée qui fait revenir le ballon à son état précédent. L'on peut comparer ce ballon au psychisme humain et le doigt au je. Au moment de sa déformation, le psychisme supporte une certaine pression, pression qui s'exprime en sens opposé au moment de la suppression de la déformation. Que l'on jouisse (ou souffre) de la réaction sert une double intention de la force opératrice : ramener le psychisme à son état naturel, tout en gratifiant ou affligeant l'entité agissante du psychisme.

Il est dans la nature du psychisme, suivant en cela la loi de la force opératrice, de revenir à son état naturel suite à la réaction. C'est pour cela que l'être humain déguste le fruit de toutes ses actions, bonnes ou mauvaises. Si, par exemple, l'on fait souffrir mentalement autrui en le volant, cela crée une déformation dans notre psychisme. Ce psychisme déformé s'efforce alors inévitablement de revenir à son état naturel, et la nature du fruit de cette action le fera souffrir de façon équivalente au niveau mental. De même, si ce que nous faisons rend une personne heureuse, nous ressentons alors un même niveau de bonheur au moment où, conformément à la loi de la nature/la loi de la force opératrice, notre psychisme revient à son état naturel. C'est ainsi que la force opératrice fait naître au niveau mental d'une personne, les ondes *(saṁvedana)* des réactions à toutes les actions, bonnes ou mauvaises, qu'elle a accomplies et les lui fait ressentir.

Personne ne peut rester sans rien faire. Même assis tranquillement, on est en train d'agir. On ne fait peut-être rien physiquement mais on ne reste pas inactif mentalement. On peut être occupé à réfléchir ou à imaginer, tout en étant physiquement immobile. On peut penser à bien ou à mal. Ce sont des actions qui ne nécessitent pas le moindre mouvement physique. Par ailleurs, une action physique n'est que l'expression extérieure d'une action mentale : nous avons vu précédemment que c'est la pensée/le psychisme qui agit. Les dix organes sensorimoteurs *(indriya)*[1] sont ce qui permet au substrat mental de se manifester, ils traduisent physiquement une action née dans la psyché. Il y a deux types d'actions : physiques et mentales ; celles que l'on effectue avec les organes sensorimoteurs sont des actions physiques et celles que la pensée effectue elle-même, sans l'aide des organes sensorimoteurs, des actions mentales. Quel que soit leur type, les actions entraînent une déformation dans le psychisme dont ce dernier se libère par la réaction dont il jouit ou souffre inévitablement. C'est ainsi que l'auteur de l'action doit déguster [psychiquement] le fruit de son action que celle-ci soit physique ou mentale.

L'Esprit se manifestant clairement en l'être humain, celui-ci ressent sous son inspiration le poids des entraves de la force opératrice. Ne voulant pas rester dans cette servitude, il s'enga-ge dans une lutte contre la force opératrice, proclamant son indépendance. Ce qui, à son tour, pousse la force opératrice à le « discipliner » en lui faisant vivre la réaction, le fruit de l'action.

Sur cette terre, l'Esprit ne s'exprime pleinement que chez l'être humain. C'est pourquoi aucun être vivant à part l'homme ne peut agir indépendamment. Or, la loi de la nature punit toute action indépendante, toute action qui s'oppose à la volonté de la force opératrice ; ceux qui ne sont pas capables d'agir indé-pendamment ne sont donc pas punis par la force opératrice. Nous voyons ainsi qu'aucun autre être vivant que l'être humain n'endure la punition de jouir ou de souffrir du fruit de son action.

Que l'action soit bonne ou mauvaise, on doit en souffrir la réaction. L'être humain ne peut pas rester un instant sans agir, il agit jusqu'à l'instant même de sa mort. À sa mort, personne d'autre ne peut jouir ou souffrir de la réaction à ses actions à sa

---

[1] Voir note p. 7. (ndt)

place, puisque c'est celui qui a agi qui doit endurer la réaction. Alors comment une personne décédée, dont le corps a pourri dans la tombe ou encore a été incinéré, peut-elle jouir ou souffrir du fruit de ses actes ? Nous allons examiner cela dans les paragraphes suivants.

L'âme est immortelle [impérissable], elle ne subit aucune transformation. Elle se manifeste pleinement dans le corps humain, créé par Dieu au cours de la phase allant du grossier au subtil [du cycle de la création[1]]. Le pur esprit et la force opératrice sont toujours associés l'un à l'autre, ils sont un tout indissociable. La force opératrice est ainsi présente en l'âme humaine par ses liens caractérisants, et a créé le psychisme en imposant son autorité sur l'âme. Le psychisme est une création combinée du pur esprit et de la force opératrice, il n'existe pas sans eux. Il est donc toujours attaché à l'âme, puisque l'âme et la force opératrice n'existent pas l'un sans l'autre. En même temps, le sentiment de je/de soi-même de l'être humain n'existe pas sans le psychisme, mais seulement tant que le psychisme existe.

L'âme est éternelle, le psychisme qui en dépend et le sentiment de je qui dépend du psychisme ne sont donc pas rendus inexistants [par la mort]. Ainsi, quand l'âme s'incarne dans un corps humain[2], le sentiment de je imprègne lui aussi le corps physique. Et quand l'âme quitte le corps, la force opératrice, qui lui est indissociablement liée, le quitte également. Le psychisme aussi, création de la force opératrice, suivant en cela la loi de la nature, quitte le corps avec la force opératrice ; ce qui entraîne la mort du corps physique. L'âme et le psychisme ne font en cela que quitter leur réceptacle.

---

[1] Schéma p. 53. (ndt)

[2] Soit pour la première fois à la suite de l'évolution des espèces, soit qu'elle se réincarne. (ndt)

La question se pose alors de savoir si l'âme ne pourrait pas continuer sans interruption son mouvement de conquête vers l'Esprit *(bhúmácaetanya)* extrêmement subtil à l'aide d'un seul et même corps.

Nous avons vu précédemment que le corps humain était une manifestation grossière de l'Esprit, manifestation qui est composée des cinq éléments fondamentaux. Ces cinq éléments fondamentaux apparaissent dans la phase allant du subtil au grossier du cheminement de l'Âme universelle *(bhúmá cae-tanya)*. La force opératrice a aussi voulu créer le corps humain – élaboré progressivement –, par une combinaison de nombreuses particules qui ont été formées au cours des étapes de ce chemin vers le grossier. Le subtil élément espace s'est, au cours de cette formation, progressivement transformé en élément air, l'élément air en élément feu, l'élément feu en élément eau, l'élément eau en élément terre [solide][1]. Telle fut la volonté de la force opératrice. C'est ainsi qu'au cours du cycle de la création, l'Esprit acquit l'état grossier/physique.

Cette succession, expression de la loi de la nature, est iné-vitable, et la mort est une nécessité découlant de cette succes-sion. Parce que si l'âme pouvait demeurer dans un seul et même corps jusqu'à ce qu'elle atteigne au salut *(mokśa)*, ce corps pourrait rester sur terre des centaines de milliers d'an-nées à parcourir le cycle de l'action et de la réaction ; et cela bloquerait l'évolution au niveau des parcelles individuelles *(ańu)* de ce corps (autrement dit des âmes et des psychismes protoplasmiques) pendant longtemps, ce qui va à l'encontre de la loi de la nature. Or la création progresse du subtil au grossier en conformité avec cette loi. Au fil du temps, l'homme est donc un jour contraint de quitter son corps. Cela signifie que les innombrables parcelles individuelles composant le corps

---

[1] Schémas p. 53 et 54. (ndt)

humain se développeront, et, un jour, se manifesteront sous la forme d'innombrables corps humains à la conscience pleinement éclairée. Voilà pourquoi la mort est inévitable. Tout le monde doit un jour quitter son corps.

La mort est la séparation de l'âme et du psychisme d'avec le corps. Le psychisme, produit de la force opératrice, reste toujours lié à l'âme. Le sentiment de je de l'être humain est une partie de son psychisme et, puisque la mort n'est que la séparation du psychisme d'avec le corps, nous venons de le voir, le psychisme ne meurt pas. L'individualité humaine, son sentiment de je, reste donc lui aussi attaché à l'âme [à la mort]. Cependant, au moment où la force opératrice arrête d'imposer ses liens caractérisants à l'âme/à l'esprit *(puruśa)* et se retrouve alors incapable de maintenir l'existence du psychisme, le je disparaît aussi, c'est-à-dire que la vie personnelle se dissout [dans la Vie universelle] ; c'est ce qu'on appelle la libération *(mukti)*.

L'être humain agit et goûte le fruit de son action par le psychisme. C'est celui-ci qui traduit en action physique, à l'aide des organes et facultés sensorimotrices, les ondes mentales, et qui jouit ou souffre du retour de l'action. Ce qu'on appelle la mort, est celle du corps physique ; le psychisme lui ne meurt pas, il ne fait que quitter le corps. Comme le psychisme est l'auteur des actions, pour qu'il puisse goûter le fruit de toutes les actions qu'il a effectuées, puisqu'il a agi jusqu'à l'instant même de la mort, il n'est pas détruit à ce moment-là. Il n'est donc pas nécessaire de se demander qui [à la mort de la personne] vivra la réaction des actions qu'elle a effectuées : le psychisme, qui est l'auteur des actions, ne meurt pas, c'est donc lui qui goûtera aux fruits des actions.

Le psychisme étant subtil, pour agir il lui faut l'aide d'un réceptacle physique qui est le cerveau : le psychisme agit avec l'aide du cerveau. La relation entre le cerveau et le psychisme est si intime qu'en l'absence de l'un, l'autre ne peut même pas s'efforcer d'agir.

Quand une personne décède, son cerveau s'inactive puis se décompose, son psychisme ne peut alors plus y demeurer. De même, quand une personne s'évanouit ou se retrouve inconsciente parce qu'elle est sous anesthésie, son cerveau s'inactive aussi, temporairement. Le psychisme qui y est installé ne peut alors pas non plus agir, à cause de l'inertie transitoire de son réceptacle physique.

Ainsi, pour agir et pour vivre les réactions aux actions qu'il effectue, le psychisme doit obligatoirement être associé à un cerveau. À la mort, le psychisme quitte le corps et le cerveau, son réceptacle grossier. Comme il a agi jusqu'à l'instant même de la mort, il lui reste à récolter les fruits de ces actions-là. Ne pouvant pas en jouir en l'absence de cerveau, il doit renaître dans un nouveau corps pour le faire. Et comme il est une manifestation née des liens caractérisants de la Force sur l'âme, il est nécessairement associé à l'âme. C'est pourquoi, quand le psychisme, créé par la force opératrice, s'incarne dans un nouveau corps, l'âme s'y incarne aussi. C'est-à-dire que le psychisme et l'âme, tous deux renaissent, et ils renaissent pour goûter le fruit des actes effectués dans la vie précédente. L'on voit donc qu'une fois né, l'on doit faire face à la mort et que, pour vivre la correction/purification[1] [mentale] *(saṁskára)* que l'on n'a pas pu vivre après celle-ci, renaître est aussi inévitable. Tant que l'âme n'atteint pas le but du chemin du grossier au subtil[2], elle poursuit le cycle de la naissance et de la mort alternées. [C'est ainsi qu']elle peut aussi se retrouver à parcourir ce cycle de naissance et de mort indéfiniment.

---

[1] que constitue la réaction. (ndt)
[2] But qui est l'unification de l'individualité à Dieu. (ndt)

Après la mort, en l'absence de cerveau qui puisse être le réceptacle physique du psychisme, celui-ci ne peut pas fonctionner. C'est pourquoi il est nécessaire de renaître, pour goûter le fruit des actions précédemment effectuées. L'idée qu'il y aurait un paradis et un enfer où l'on irait après la mort est donc complètement fausse, et la croyance que l'on y vit les tourments de l'enfer ou les joies du paradis en récompense de ses bonnes ou mauvaises actions, imaginaire. Parce que tant que l'on ne renaît pas, en l'absence du réceptacle grossier qu'est le cerveau, on ne peut ressentir ni joie ni peine : le paradis et l'enfer n'existent pas en tant que mondes séparés, c'est dans ce monde mortel que l'être humain est maintenu pour vivre les tourments de l'enfer ou les joies du paradis en conséquence de ses bonnes ou mauvaises actions.

La renaissance clarifie aussi le fait que les revenants, les fantômes n'existent pas. On ne peut logiquement pas croire et en la réincarnation et aux fantômes : l'un exclut l'autre. Tant que le psychisme désincarné n'a pas obtenu un nouveau réceptacle, un nouveau cerveau grâce à la renaissance, il ne peut jouir ou souffrir du fruit de ses actions ni le moins du monde agir ; ce qui nous conduit très logiquement à reconnaître la nécessité de la renaissance. Si le psychisme pouvait agir en l'absence de cerveau, il pourrait continuer sa pratique spirituelle, son effort de s'unifier à l'Esprit, même après la mort. Mais il ne peut en aucun cas agir en l'absence de cerveau, de ce fait, on ne peut qu'accepter qu'il y a réincarnation. Les fantômes, revenants, etc. ne sont donc que purement imaginaires.

Au moment de la mort, l'âme et le psychisme quittent leur réceptacle grossier, le psychisme devient donc inactif.

Dans l'état d'inconscience aussi, alors qu'on est encore en vie, le psychisme devient temporairement inactif/inopérant à cause de la passivité du cerveau. Ce qui différencie l'état d'inconscience de la mort est que l'état d'inconscience étant temporaire, le psychisme ne quitte pas le corps tandis que dans la mort, la durée est beaucoup plus longue et le psychisme inopérant quitte le corps.

Le pur esprit et la force opératrice étant inséparables, dès que l'âme quitte le corps, le psychisme – créé par la force opératrice –, aussi, quittant le corps, se réfugie en l'âme. À cause des actions qu'il a effectuées avant la mort, ce psychisme reste déformé, même dans cette situation. Il ne revient à son état naturel que s'il vit les joies et les peines [conséquences psychiques] en réaction à ces actions. Après la mort, en l'absence de cerveau, le psychisme n'est plus fonctionnel et ne peut, bien qu'il ait un potentiel de réaction, que rester momentanément dans cet état déformé. On appelle ce potentiel de réaction *saṁskára*[1]. Quand le psychisme est inactivé, les *saṁskáras* ne peuvent pas s'exprimer, ils restent donc avec l'âme désincarnée tant que celle-ci ne réussit pas à se manifester dans un nouveau réceptacle doté d'un cerveau. On voit donc qu'une nouvelle naissance est nécessaire pour permettre aux réactions potentielles restantes de s'exprimer. Ce qui se produit dès la naissance [qui déclenche] le vécu du fruit de ses actions. À la mort, le psychisme comprimé est réduit à un état latent. On peut le comparer à une balle de caoutchouc que l'on aurait pressée, et la loi de la nature veut que la balle fournisse l'effort de se libérer de cette déformation. C'est de même que la vie et la mort vont permettre au psychisme de se dilater [pour permettre son retour à l'état originel] ou d'être maintenu compressé. Le psychisme déformé aurait pu revenir à son état naturel grâce au retour de l'action, mais la mort est survenue avant le vécu de ces réactions, empêchant que ce soit possible dans ce récep-

---

[1] Le sens premier du mot *saṁskára* est « purification » (puis réforme, correction, impression [mentale], préjugés, etc.). Quand ce potentiel de réaction – ce *saṁskára* – se manifeste, il effectue une purification. On appelle également *saṁskára* divers rites sacramentels. (ndt)

tacle. La conséquence non encore vécue de l'action se réfugie en l'âme désincarnée sous une forme latente *(biija)*, celle d'une réaction potentielle *(saṁskára)*, et c'est pour vivre ces réactions *(saṁskára)* non consommées que l'âme s'attache à un nouveau corps par une nouvelle naissance.

Toute action, bonne ou mauvaise, engendre une déformation dans le psychisme et, pour se libérer de cette déformation, l'être humain doit obligatoirement déguster les bons ou les mauvais fruits des actions qu'il a effectuées. À la mort, le psychisme se retrouve en l'âme sous une forme latente et, pour qu'il puisse s'exprimer, l'âme doit adopter un réceptacle approprié.

Chaque ressenti, agréable ou douloureux, important ou insignifiant de l'entité individuelle est en adéquation avec ses *saṁskáras* accumulés. Il faut garder à l'esprit, à ce propos, que la réaction à une action particulière n'est pas déterminée/fixe. Mais ce qu'on peut dire, c'est que lorsque [le psychisme] se libère de la déformation, l'être humain vit la réaction, provenant de l'action qu'il a effectuée et [jusque-là] latente, en termes de mesure mentale. Par exemple, si quelqu'un vole/dérobe [quelque chose à une personne] il n'est pas certain qu'en retour, il lui sera volé quelque chose de valeur équivalente ; car il s'agit de mesure mentale. Le voleur vivra exactement la même souffrance que celle que son vol aura engendrée chez l'autre personne. Autrement dit, le plus important à propos d'une action, est combien elle rendra heureux ou malheureux la personne qu'elle affecte. L'auteur de l'action doit vivre la conséquence de chacun de ses actes à exactement cette même valeur ; on ne peut pas échapper à cela. Après la mort, le choix d'un nouveau corps pour l'âme se fait à partir de cela, c'est-à-dire que l'âme et les réactions latentes qui lui sont attachées ne peuvent pas adopter n'importe quel réceptacle, parce qu'autrement, cela ne permettrait pas la pleine expression du potentiel de réactions.

La question se pose maintenant de savoir qui choisit ce corps pour l'âme et les *samskáras* qui lui sont associés. L'âme est elle-même une entité témoin/spectatrice et ne peut absolument pas agir. Le psychisme aussi, étant dans un état latent, n'est pas en état d'agir. Nous avons vu précédemment que l'être humain vit le retour de l'action selon les règles de la force opératrice ; c'est donc aussi celle-ci qui provoque le vécu du retour non consommé des actions. Autrement dit, la renaissance et l'expression des réactions potentielles suivent la loi de la force opératrice. C'est pourquoi l'on dit que c'est la force opératrice qui, après la mort, choisit le corps/l'environnement *(kśetra)* correspondant aux réactions latentes. Et ce choix peut advenir en un jour tout comme nécessiter d'incalculables années, parce que sans corps/environnement qui soit en adéquation avec ses réactions latentes, celles-ci ne peuvent pas s'exprimer. Il n'est donc pas possible de dire où, après la mort, aura lieu la renaissance. Il y a d'innombrables systèmes solaires, dans cet univers, susceptibles d'accueillir la vie, et l'âme pourrait se trouver un corps approprié dans l'un d'entre eux. Il n'y a donc pas la moindre certitude qu'après la mort, la renaissance d'une personne ait lieu sur cette terre. Seuls renaissent sur la terre ceux dont la graine des actions précédemment effectuées y trouve un terrain favorable. Tout en vivant les réactions [à ses actions précédentes], l'on effectue aussi des actions « premières » *(pratyayamúlaka)*. Quant à ce que l'on vit en conséquence de ses actions précédentes, on appelle cela le destin *(adrśta)*.

Tandis qu'on est heureux ou malheureux – en accord avec ses réactions potentielles provenant d'une naissance précédente –, il est impossible, dans cet état, de découvrir quelle est la cause de tous ces ressentis, à cause des limitations de la mémoire et c'est pourquoi l'on appelle le destin « celui qu'on ne peut voir » *(adrśta)*.

Souvent l'être humain blâme Dieu pour ses difficultés, alors qu'en réalité, en tant que véritable auteur de l'action, il détermine lui-même son destin. Il est complètement absurde de blâmer Dieu pour ces évènements.

En tant qu'il crée son propre destin, l'être humain est contraint de vivre les conséquences [de ses actes]. C'est-à-dire qu'il doit vivre les bons et les mauvais fruits résultant de chacune de ses bonnes et mauvaises actions. Telle est la loi inébranlable de la force opératrice sous la juridiction de laquelle il n'y a pas d'exception à cela.[1]

1955

---

[1] À suivre dans le 1er volume de la série *L'Idéologie spirituelle et de vie de l'Ánanda Márga*, dont la première partie est la suite et fin du *Chemin jusqu'au royaume de la Béatitude, philosophie élémentaire*, tous deux à venir. Des détails sur le rôle et le fonctionnement du psychisme objectif (le *citta*) et ses différentes couches (sensoridésirante, mentale et causales) sont donnés dans les chap. 4 et 5 d'*Idée et Idéologie* – non traduit), mais aussi dans, notamment, *La Science sacrée des Védas 1*, et *2* (*La Spiritualité de la Katha Oupanishad*), voir p. 114. (ndt)

Idée et Idéologie

La création de la matière et de la vie

(saiṇcara et *práṅáh)*

La manifestation/matérialisation *(saiṇcara)* est l'activité centrifuge de la Source *(nucleus)* de cet univers. Cette source, le Très-Haut *(puruśottama)*, se retrouve ainsi la contrepartie témoin[1] de cet univers *(macrocosm)* objectif. L'Esprit, le principe cognitif *(puruśa* ou *citishakti)* étant pur esprit, il ne peut s'activer sans la présence d'un second principe. Pour qu'il y ait action, il faut que s'exprime la force opératrice *(prakrti)*, tendance inhérente de l'Esprit transcendantal. Bien que formant une dualité théorique, les deux principes, l'Esprit et la force opératrice, sont un en esprit. Ils forment un tout, et de même qu'on ne peut penser au feu sans sa valeur thermique, on ne peut penser à l'Esprit sans la force opératrice dans ce tout qu'est Dieu *(Brahma)*. On peut définir la Force comme un attribut de l'Esprit. Lorsqu'elle ne se manifeste pas, c'est-à-dire lorsque toute activité semble endormie, l'Esprit reste dénué d'objet, transcendant *(nirguṅa)*. Cette force opératrice est aussi un ensemble de trois tendances immanentes : la consciente *(sattva)*, l'activante ou mutatrice *(rajah)* et la statique *(tamah)*. La tendance consciente[2] est ce qui engendre le pur sentiment de je [(le sentiment d'existence)]. La tendance mutatrice active ce je et le transforme en un je agissant. Et la tendance statique permet au moi mutateur d'absorber les résultats des actions du je agissant, autrement dit de créer, à partir du je agissant, le je résultant [ou je objectivé]. On donne à ces trois tendances, le nom d'ensemble de force opératrice *(prakrti)*. En

---

[1] Le sujet. (ndt)
[2] Qui conscientise. (ndt)

l'entité transcendante, l'activité de la force opératrice est dormante, elle ne peut se manifester même si le surgissement *(flow)* éternel existe. Le surgissement de la force opératrice désigne ainsi celui de trois tendances belligérantes : la consciente, la mutatrice et la statique. Cet affrontement engendre, mathématiquement parlant, un triangle de forces [autrement dit, un équilibre des forces] .

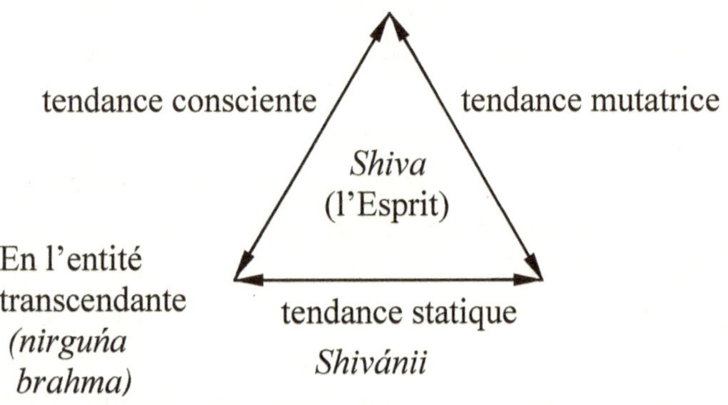

L'Esprit *(puruśa* ou *shiva)* est, à cette étape, encerclé par la Force *(shivanii)*[1] sous la forme d'un triangle de forces.

La résultante de l'opposition et de la cohésion internes des trois tendances immanentes de la Puissance opératrice *(prakrti)* jaillit d'un point à l'un ou l'autre des sommets du triangle de forces. Au sommet où a jailli la résultante, on appelle l'Esprit, le Régent auto-créé *(shambhú)* ; et le point central de ce triangle de forces est le Très-Haut *(puruśottama)*[2]. C'est dire que le Très-Haut est l'Esprit *(shiva)* subjectivé[3]. Il est le noyau/centre *(nucleus)* de toutes les facultés imaginatives. Le mouvement qui part de lui en le prenant pour centre se dirige vers l'extérieur. De nature avant tout centrifuge, il consiste en

---

[1] À cette étape, on appelle la force opératrice *(prakrti) shivanii.*
[2] Littéralement : « l'Esprit *(puruśa)* le plus haut *(uttama)* ». (ndt)
[3] C'est-à-dire devenu sujet. (ndt)

une transformation du subtil [l'Esprit] en grossier [du côté de la matière]. Dans la philosophie spirituelle de l'Ánanda Márga, nous appelons ce mouvement : *saiṇcara* [manifestation/matérialisation] ; il jaillit du Régent auto-créé dans un processus sans fin.

Les sommets de ce triangle de forces ont une certaine position [réalité] mais pas de mouvement. Puisqu'il y a stagnation, c'est la tendance statique qui domine.

La force statique dirige vers le grossier [la pesanteur, la matière]/rend inerte. Pour triompher de la force statique et susciter l'expression dans la source statique, il faut, logiquement et scientifiquement, quelque chose qui soit à la fois d'une pesanteur insondable et qui tende à l'éveil.

C'est pourquoi, lorsque la force opératrice s'exprime en tant que force résultante qui lance le processus de manifestation *(saiṇcara)*, elle est consciente, bien qu'elle soit statique à la base ; et elle inculque à l'Esprit *(puruśa)* le sentiment de je. C'est un pur sentiment de je, [un simple sentiment d'existence], parce que la tendance consciente ne peut pas aller plus loin.

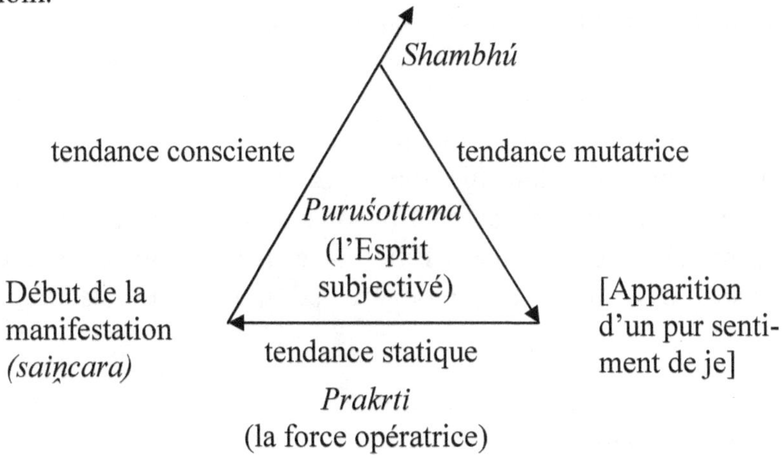

En philosophie, nous appelons ce stade, le grand élément/principe *(mahat-tattva[1])*. Du point de vue de la vie de cet univers, cet élément premier n'est autre que le je universel. C'est la première contrainte qu'impose à l'Esprit sa puissance *(prakrti)* inhérente consciente.

Cette contrainte, encore qu'elle se situe dans une toute petite partie de son Être universel, n'est pas ressentie comme une contrainte car elle est très légère. C'est pourquoi on peut la considérer comme simplement théorique. Dans cet [état de] grand élément *(mahattattva)*[2], l'Esprit ne subit que la plus légère métamorphose.

Tandis que le mouvement de manifestation/matérialisation se poursuit, la force consciente se transforme progressivement en force mutatrice, suite à des antagonismes internes. Cette transformation engendre un second [type de] subjectivité [de je] : sous l'influence de l'aspect mutateur de la Force *(prakrti)*, le pur je divin se métamorphose en je agissant.

Nous nommons ce je acteur universel, le moi *(ahaṁtattva)*. La contrainte qu'impose la Force sur l'Esprit est ici plus importante que dans le cas du grand élément/principe ; elle reste néanmoins subjective car, même dans cette situation, l'Esprit n'a pas d'objectivité. Cette contrainte sur le grand élément est donc un concept plus ou moins théorique. Le moi est, d'un point de vue psychologique, l'homologue capable d'agir du je subjectif, rendu sujet [de l'action] par la tendance mutatrice. La métamorphose de l'Esprit en moi est encore hautement subtile car, même à cette étape, il n'y a aucune entité objective de créée. Le moi n'existe que sur un plan subjectif.

---

[1] Le terme *tattva* renvoie à la théorie du Sáṁkhya qui dénombre vingt-quatre ou vingt-cinq *tattvas* ou constituants principaux ; *tattva* peut se traduire par élément, principe ; *mahat* signifie grand. (ndt)
[2] Appelé aussi principe mental *(buddhi-tattva)*. (ndt)

Lorsque la tendance statique de la force se met à dominer, le moi acquiert une certaine objectivité. Cet état plus grossier de la phase de manifestation constitue le substrat mental *(citta)*. L'objectivation se produit parce qu'en agissant sur le moi, la contrainte statique force celui-ci à se transformer en résultat de la dernière activation. C'est le je [purement] subjectif universel qui, après s'être partiellement transformé en je agissant universel, est finalement contraint de convertir une partie de celui-ci en je objectivé universel. L'Esprit subit là une transformation objective, l'état métamorphosé étant une forme objective du je subjectif et aussi du pur Esprit.

Non seulement le je agissant universel a, sous l'effet de la tendance mutatrice, effectué une action psychique mais, sous l'influence de la tendance statique, une partie de ce je agissant, de ce moi, a absorbé le résultat de sa propre action et s'est objectivé. L'Esprit ressent là la contrainte comme une réalité objective. Cet état objectivé de l'Esprit, qui naît sous l'action du principe statique, forme le substrat mental universel. Ce substrat mental est une réalité objective, son sujet *(subjectivity)* mental immédiat est le moi [le je agissant] et le sujet mental suprême est le grand principe [ou pur sentiment de je]. Nous appelons psychisme l'ensemble formé du grand principe, du moi, et du substrat mental[1]. Sa contrepartie subjective est l'Esprit *(puruśa)* (universel *(cosmic)*)[2].

Le processus de manifestation/matérialisation se poursuit, avec l'augmentation progressive de la domination de la force statique. Sous l'action de l'un ou l'autre des aspects [ou tendances] de la Force, l'Esprit *(puruśottama)* s'était transformé en grand principe, le grand principe en moi et le moi en substrat mental. Le substrat mental devient de même, sous l'action

---

[1] *Manah : mahattattva, ahaṁtattva* et *citta* [schémas p. 16 et 23 ou 47].
[2] Autrement dit l'Esprit est le sujet qui a le psychisme pour objet. (ndt)

[persistante] de la force statique, plus grossier, et finit par se transformer en élément espace ou éther.

La pression et l'emprise de la tendance statique continue à s'accroître. Sous cette pression externe croissante, l'espace externe à l'intérieur de ce champ structurel, décroît peu à peu, et il y a simultanément un accroissement d'affinité chimique. Ce mouvement progressif vers un état plus grossier produit quatre éléments particuliers autres que l'éther. Ce sont les éléments gazeux, lumineux/énergie, liquide et solide [(air, feu, eau et terre)]. Ce dernier est la manifestation la plus grossière du substrat mental divin/universel : la pression de la force statique sur le substrat mental universel y est à son maximum.

La pression externe de la tendance statique sur les cinq éléments précités se nomme *bala*. Cette pression engendre deux forces opposées, l'une centrifuge et l'autre centripète. La force centripète – force dirigée vers le centre, vers l'intérieur – tend à maintenir la solidarité structurelle de l'objet tandis que la centrifuge pousse à la scission : elle s'efforce de briser l'objet en mille morceaux. L'ensemble de ces forces vers l'intérieur et vers l'extérieur, constitue l'énergie *(prána)* [de l'objet]. Chaque élément solide possède donc de l'énergie.

Cette énergie – contenant un affrontement que l'une ou l'autre des forces précitées en action peut gagner – est la partie éternelle que jouent la cause universelle et son effet le plus grossier.

Si les forces dirigées vers le centre, vers l'intérieur gagnent, c'est-à-dire si la résultante est centripète, un noyau [un centre, une base] se forme dans l'élément solide ; une structure solide se crée et le maintien de sa solidarité physique dépend de *bala*, la pression externe.

Si ce sont les forces centrifuges qui gagnent, la résultante, dirigée vers l'extérieur, ne peut pas former un noyau dans la structure physique.

La force résultante centripète – dirigée vers le centre, vers l'intérieur – est ainsi le seul agent à pouvoir créer un noyau dans un corps solide et maintenir par cela sa solidarité structurelle.

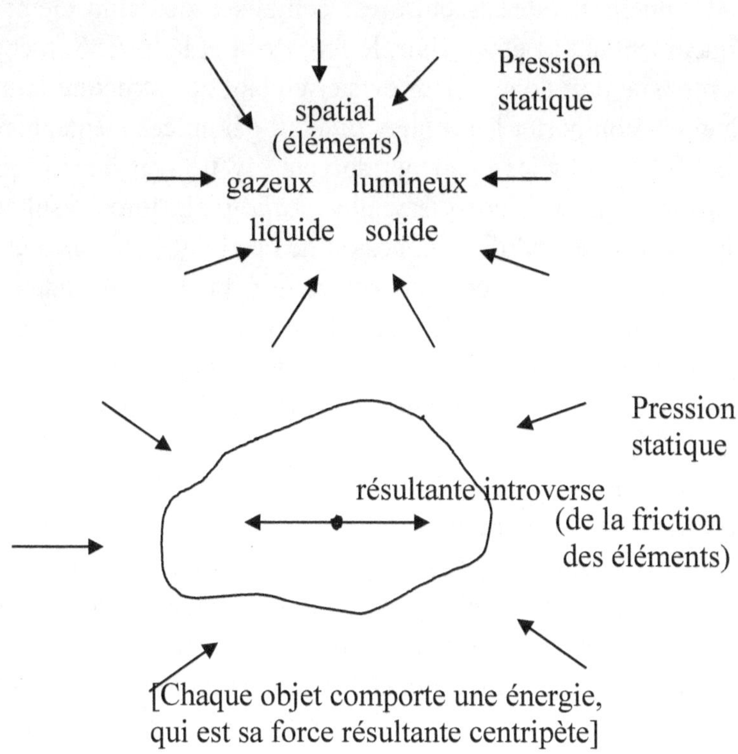

Mais même si la solidarité structurelle de l'objet se maintient, il peut y avoir des endroits ou parties à l'intérieur de la structure individuelle où les forces centrifuges prédominent sur les forces centripètes qui les contrent. Une dissociation se produit dans ces parties, et les parties sous l'influence d'une résultante centrifuge se détachent du corps parent. Ceci est l'usure que subit notre structure individuelle. Nous compensons le manque physique engendré par cette usure par l'énergie que nous tirons de la nourriture, de la lumière, de l'air, de l'eau, etc. Tant que la force résultante au niveau du noyau reste centripète, la solidarité de notre structure composite demeure inchangée, malgré cette usure.

Voyons comment naît la vie dans une structure physique individuelle. Cette structure est composée des cinq éléments fondamentaux : l'éther, l'air, le feu, l'eau et la terre. Son corps composite doit donc – pour exister en tant que structure individuelle – comporter les centres *(nuclei)* gérant ces éléments respectifs ; et tous les éléments doivent s'y trouver dans la proportion requise. L'énergie vitale *(práñáh)* (la force résultante centripète) dépend de la cohésion de ces [cinq] éléments entre eux. Le centre qui gère tous ces centres physiques fondamentaux régit l'énergie collective. Cette énergie collective est ce qu'on appelle la vie *(práñáh)*, l'énergie vitale.

L'usure dans la structure entraîne le manque de l'un ou l'autre des éléments. Elle peut aussi affecter l'activité qui régit le centre/noyau subjectif et maintient la solidarité structurelle, résultante. Si le manque causé par [cette usure] n'est pas adéquatement compensé, et si la proportion requise de l'un ou de l'autre des éléments n'est pas rétablie, l'intensité de la résultante introverse va se mettre à varier et la structure individuelle peut en perdre son intégrité. On peut ainsi logiquement conclure que la structure physique individuelle requiert avant tout un environnement où ces cinq éléments fondamentaux sont disponibles en quantité nécessaire. La vie ne peut s'exprimer que dans ces conditions. Une atmosphère favorable est donc une nécessité indispensable à la manifestation de la vie. Nous pouvons en conclure que la vie *(práñáh[1])* est la force résultante centripète s'exprimant dans un environnement favorable.

---

[1] En sanscrit, le terme *práña* (énergie) est toujours au pluriel *(práñáh)* pour désigner la vie *(práñáh)*, l'énergie vitale, car celle-ci est un ensemble de dix énergies (ou souffles) *(váyus)* vitales importantes agissant à l'intérieur ou [vers] l'extérieur de la structure physique.

La manifestation de la vie dépend donc de deux conditions essentielles : la résultante des énergies [élémentaires] doit être centripète, et il doit y avoir un environnement favorable. C'est le manque de conditions propices qui est responsable de la transformation en espèce plus petites ou de l'extinction totale d'un grand nombre d'animaux géants d'un lointain passé.

Même si l'énergie résultante est dirigée vers l'intérieur, si les conditions atmosphériques ne sont pas favorables à l'expression de la vie, la structure physique se brise en d'innombrables particules plus subtiles. En l'absence d'un environnement adéquat, la vie ne peut pas se manifester. La force statique continue néanmoins à exercer une pression externe ou *bala* sur la structure individuelle. Il s'ensuit en conséquence une étape où le corps solide contient très peu d'espace interatomique. Si la tendance statique exerce alors une pression supplémentaire, cela crée une très forte réaction à l'intérieur du corps physique, affectant à la fois les forces centripètes et centrifuges et engendrant une dissociation structurelle : c'est l'implosion de la matière inanimée *(jada-sphota)*. Cette implosion ne se produit que dans des corps célestes morts ou mourants : dans un corps céleste vivant, l'environnement propice existant permet la transformation des énergies [de la structure] en énergie vitale, ce qui élimine la possibilité d'implosion.

Ces implosions peuvent être instantanées ou progressives. Nous venons de décrire les conditions pour que l'évènement se produise de façon instantanée. Mais lorsqu'il y a, sous l'effet des énergies centrifuges, dissociation progressive dans certaines parties de la structure, le phénomène d'implosion *(bursting up)* devient progressif.

Lors de l'implosion de la matière inerte, les éléments composant la structure physique se dissocient en les cinq éléments fondamentaux, que l'implosion soit progressive ou instantanée. Nous qualifions ce phénomène, qui rebrousse le cours de l'apparition de la manifestation, de cheminement/manifestation négatif. Au cours de ce cheminement/manifestation négatif, les éléments constituants ne peuvent pas se dissocier en éléments plus subtils que l'éther car cela voudrait dire que le moi [divin] suspendrait la projection éternelle de sa pensée ; et ce retrait signifierait celui du psychisme universel, la cessation de l'activité macrocosmique, la fin de la création, puisque la création n'est rien d'autre qu'une pensée du Macrocosme.

L'implosion de la matière inanimée n'est pas l'expression d'un retrait mais celle de l'agitation des ondes mentales sous la pression excessive de la force statique. Et le ou les éléments provenant de cette dissociation sont les cinq éléments fondamentaux : solide, liquide, lumineux/énergie, aérien et éthérique.

La marche de l'évolution se poursuit ainsi éternellement sous la divine impulsion du Macrocosme, et la prétendue mort thermique de cet univers n'a aucune chance de se produire.

Jamalpur, 27 mai 1959

L'évolution et le psychisme

(pratisaiñcara et *manah)*

Nous avons vu dans le chapitre précédent que l'Esprit était la cause à la base de toute la diversité. C'est-à-dire que l'Esprit, suprême un, est la substance de la diversité physique comme métaphysique, la cause nouménale de ce monde phénoménal.

Ce monde phénoménal est formé de cinq éléments fondamentaux. Ce sont les éléments solide *(kśiti)*, liquide *(ap)*, lumineux/énergie *(tejas)*, gazeux *(marut)*, éthérique/spatial *(vyoma)*. La manifestation/matérialisation *(saiñcara* ou *saṁkrama)* est le processus de transformation, de métamorphose de cette Substance/Essence unique en ces [cinq] éléments. Au cours de ce processus analytique, l'Infinie Entité macrocosmique *(niratishaya)* se transforme en d'innombrables entités finies *(sátishaya)*. La contrepartie témoin suprême de toutes ces entités finies demeure identique à celle du Macrocosme.

Ce Sujet suprême[1] est la cause première de toutes ces présences objectives *(objectivities)* et, en tant qu'entité témoin, il est la forme d'ensemble de la multitude. L'évolution/processus de retour de la manifestation [à l'Esprit] *(pratisaiñcara)* est l'avancée de ces objets/présences objectives vers l'entité témoin suprême. Ce retour vers l'Esprit *(prati-saiñcara)* est un mouvement [de nature] synthétique et centripète, introverse. Allant du grossier [la matière] au subtil, il culmine en l'Esprit *(puruśottama)*. Cette phase de retour de la manifestation *(pratisaiñcara)* n'est pas simplement le processus inverse de celui

---

[1] *Supreme Subjectivity.* (ndt)

d'apparition de la manifestation *(saiṇcara)* car si cela avait été le cas, les phénomènes de manifestation et de retour de la manifestation se seraient trouvés en conflit, ce qui aurait perturbé l'équilibre de l'Esprit créateur.

L'influence statique de la Force *(tamoguṇa)* crée une sorte de pression externe engendrant des forces dirigées vers l'extérieur et d'autres vers l'intérieur. La résultante de ces forces belligérantes dirigées vers l'intérieur et vers l'extérieur, se retrouve elle-même ou centripète ou centrifuge, [vers] l'intérieur ou [vers] l'extérieur de la structure physique. Quand et là où c'est la résultante tendant vers l'intérieur qui l'emporte, la solidarité structurelle du corps physique se maintient correctement. La vie/l'énergie, ou force, vitale *(práṇáh)* consiste dans les forces dirigées vers l'intérieur coordonnées.

Cette force vitale – qui est la force centripète résultante – est aveugle, au sens où elle est dénuée d'intelligence[1], puisqu'elle est engendrée par la force statique. Elle n'est pas le seul résultat de l'opposition constante entre les forces tendant vers l'intérieur et celles tendant vers l'extérieur. Là où et à chaque fois que cet affrontement pulvérise une ou des parties du corps physique, c'est-à-dire les transforme en quelque chose de plus subtil (que les cinq éléments), un psychisme individuel, un microcosme naît. Nous voyons ainsi que le psychisme [individuel] est une réaction chimique créée par des heurts physiques à l'intérieur de la structure individuelle – le corps physique –, lui-même une création du Psychisme universel/divin.

Du point de vue de ses propriétés, le psychisme individuel ne se différencie pas du Psychisme universel. Les deux ont une valeur intellectuelle et supraphysique. Ce psychisme individuel intelligent dirige les activités physiques de la force vitale *(práṇáh)* aveugle de la structure individuelle.

---

[1] L'intelligence est éveillée par la tendance « consciente » *(sattva)*. (ndt)

La matière est la manifestation la plus grossière du substrat mental *(citta)* [divin/universel] qui est une forme métamorphosée de l'Esprit, Âme universelle[1] ; les deux manifestations plus subtiles de l'Âme universelle – le grand principe *(mahattattva)* et le moi *(ahaṁtattva)* – sont latentes dans le substrat mental *(citta)*[2]. Ainsi, à la création initiale du psychisme dans l'ordre individuel, celui-ci n'est pas non plus plus subtil que le substrat mental : la majeure partie du psychisme des créatures et plantes non développées n'est rien d'autre que du substrat mental.

Le moi [je agissant] n'étant pas présent à l'étape première de la création du psychisme [individuel], la force vitale, aveugle, ne peut alors pas activer la structure physique. À une étape ultérieure de l'évolution psychique [individuelle], il y a expression d'un moi ; le moi *(ahaṁtattva)* et le grand principe[3] *(mahat tattva)* apparaissent, et ces stades plus subtils du psychisme, autrement dit le psychisme intelligent, dirigent alors comme il faut la force vitale aveugle.

C'est ainsi le fonctionnement d'ensemble du psychisme[4] et de la force vitale qui préserve la solidarité structurelle au cours de cette divine marche de retour qu'est l'évolution *(pratisaiṇcara)*.

Voilà ce qui détache la philosophie de l'Ánanda Márga des autres philosophies : son exposé d'une théorie logique et analytique expliquant que le psychisme est une création de la matière.

Les écoles de pensées matérialistes soutiennent également ce point de vue mais, ne parvenant pas à expliquer la cause première de la matière, les philosophes matérialistes échouent à aller plus loin. La philosophie de l'Ánanda Márga pénètre

---

[1] *Cosmic Consciousness* ; voir les schémas p. 53 et 54. (ndt)
[2] Voir schéma p. 110. (ndt)
[3] Pur je, et source du sentiment d'existence. (ndt)
[4] Individuel ou universel. (ndt)

profondément jusqu'à la cause première de tous les effets se manifestant, et énonce que la matière est une forme métamorphosée du Très-Haut *(puruśottama)*, la Source spirituelle qui existe en tant que cause nouménale.

Ce sont donc les frictions à l'intérieur de la structure matérielle qui engendrent une base subtile à partir de laquelle se forme un psychisme grossier, un substrat mental *(citta)* individuel qui est dénué de moi [instance agissante] et de la première subjectivité mentale[1] [qu'est le pur sentiment de je]. La force vitale *(práńáh)* transmet à la structure vivante individuelle sa propre fréquence et le psychisme aussi. Le parallélisme de leurs ondes engendre un fonctionnement d'ensemble qui permet à la structure vivante de progresser sur le chemin de l'évolution *(pratisaiṇcara)*.

À l'état initial de la création du psychisme, les structures vivantes ne peuvent pas fonctionner de façon indépendante, à cause de leur moi qui n'est pas complètement développé. C'est pourquoi leurs actions suivent la volonté du je universel/divin. L'impulsion *(saṁvega)* qui leur vient du Macrocosme, qui naît sous sa volonté, agit dans leur psychisme grossier et leur fournit la force requise pour progresser sur la voie de l'évolution *(pratisaiṇcara)*. Sur ce chemin de retour *(pratisaiṇcara)*, la force d'attraction spirituelle *(vidyámáyá)* s'accroît et le psychisme *(citta)* individuel continue son avancée vers le Très-Haut *(Puruśottama)*.

D'un point de vue biologique, cela signifie que la vie s'est développée à partir de la matière organique et s'est transformée progressivement en espèces de plus en plus évoluées comme les animaux et les vertébrés, les mammifères, etc. Plus le reflet de l'Esprit *(puruśottama)* sur l'écran mental individuel s'inten-

---

[1] Le *buddhitattva*, premier dans l'ordre de l'universel, voir schéma p. 47. (ndt)

sifie, plus le mouvement de la création s'accélère[1]. Avec l'augmentation progressive de la densité de ce reflet, le psychisme grossier [sensoriel] se transforme en psychisme plus subtil [intellectuel, etc.]. Autrement dit le champ psychique s'accroît. Nous pouvons ainsi dire que le reflet/[la manifestation] de l'Esprit sur l'écran mental engendre une dilatation psychique.

Les forces engendrant cette dilatation psychique sont triples. Ce sont : I) la force physique engendrée par les frictions physiques, II) la force psychique provenant des conflits au niveau psychique et III) la force spirituelle résultant du vif désir de connaître Dieu. Sous l'action de ces trois forces, le corps psychique se dilate. Ce n'est pas une simple expansion mais une augmentation de volume et de masse. L'importance de la dilatation dépend directement de la proximité de la destination. Autrement dit, la dilatation augmente avec la diminution de la distance. L'augmentation de masse provient de la friction des forces belligérantes au sein de la structure physique, friction en constante augmentation.

Grâce à cette dilatation mentale, autrement dit cette augmentation de volume et de masse du corps psychique, le psychisme devient de plus en plus capable d'une activité multilatérale.

Le corps physique aussi se métamorphose pour s'adapter à la dilatation mentale, et il se complexifie pour répondre à de plus hautes exigences psychiques découlant de l'augmentation de l'attraction spirituelle. C'est pourquoi le corps physique des créatures aux sentiments évolués est une structure composée d'un grand nombre de glandes aux activités spécifiques. La complexité glandulaire est indispensable pour faire face aux conflits psychiques dans des domaines plus subtils.

Sous l'effet de la dilatation psychique, le psychisme grossier devient de plus en plus subtil. Cette plus grande subtilité

---

[1] Voir schéma p. 53. (ndt)

permet au psychisme *(citta)* individuel de prendre conscience de son état de sujet *(subjectivity)*. Plus l'étape animée du chemin de l'évolution *(pratisaiṅcara)* est subtile, plus le moi est développé et, par la suite, il peut être conscient et décider de l'orientation de toutes ses activités. C'est à ce stade que le psychisme individuel évolué développe en lui-même, et un moi, et de la volonté, et peut utiliser l'impulsion *(saṁvega)* qu'il a acquise dans sa progression précédente, dans la direction qu'il désire.

Avant que ne se développe sa volonté et son moi, l'être ne peut pas s'exprimer de façon constructive [(créatrice)]. C'est pourquoi, chez les animaux et les plantes où le psychisme est peu développé, l'énergie vitale et le psychisme obéissent à et sont dirigés par la volonté de la Pensée suprême, le Grand Moi. Au cours de l'évolution *(pratisaiṅcara)*, ces créatures et ces plantes peu développées peuvent faire d'appréciables progrès, parce qu'elles sont conduites par la volonté du moi divin. Guidé par la force d'attraction spirituelle *(vidyámáyá)*, leur psychisme individuel est en constante expansion.

Alors qu'une fois que le psychisme a développé, dans le domaine de ses activités, de la volonté, et qu'il a acquis une impulsion propre, il peut choisir la direction qu'il souhaite. C'est-à-dire qu'il peut décider de se diriger dans un sens contraire à l'évolution *(pratisaiṅcara)*. On appelle cette étape de l'évolution du psychisme – où le moi développé décide de la voie à prendre et peut même se diriger vers la matière inerte *(jada)* ([c'est-à-dire] suivre l'évolution *(pratisaiṅcara)* négative) –, *mánuśa*, être humain, parce que l'entité développe le sentiment d'avoir une pensée, une force mentale qu'elle peut utiliser pour servir son but[1].

Ainsi, au premier stade, seule agit la force de volonté divine, c'est-à-dire du Très-Haut *(puruśottama)*. Alors qu'à l'étape

---

[1] La racine sanscrite *man* signifie penser. (ndt)

du développement humain, les ondes mentales de l'Un et celles du grand nombre agissent ensemble. Le Macrocosme agit et s'exprime à la fois directement et par l'intermédiaire des microcosmes qui déterminent par leur volonté individuelle leur cheminement.

La phase inanimée de la création se meut sous la seule impulsion psychique du Très-Haut *(puruśottama)*, tandis que dans la phase animée, œuvrent à la fois l'imagination de l'Un et celle d'un grand nombre. Dans la coopération du psychisme individuel et du Psychisme universel du monde animé, il n'y a pas, sauf pour l'être humain, de concertation ; le fonctionnement du psychisme individuel est subordonné à celui du Psychisme universel. Tandis qu'au niveau humain, cette coopération peut être les deux, concertée et subordonnée.

L'être humain doté d'un moi a accumulé en lui les expériences vécues durant ses périodes de vies passées. Son sentiment vital ne sait rien de ce qui l'attend. Naturellement, sous l'impulsion de ses vies passées, il ressent un désir pour les satisfactions matérielles, l'amour du matériel *(jaḍa)*, et ignore ce qu'est l'amour spirituel car ce chemin lui est encore inconnu. Qui aime aller au-devant de dangers inconnus sur un chemin peu fréquenté ? L'être humain qui aspire au matériel *(jaḍa)* n'a pas le courage de faire l'expérience de la vérité spirituelle et de suivre la voie tracée par les sages *(ṛśis)*.

L'être humain ordinaire ne suit pas cette voie courageuse. Il pense à une aide surnaturelle pour ses plaisirs matériels. Il se crée des dieux imaginaires ou est fourvoyé dans l'adoration des créations mentales d'autrui et s'en satisfait. Tout cela n'est que l'adoration du veau d'or *(jaḍatá)*.

Or, conformément à ses propriétés fondamentales, le substrat mental prend la forme de l'objet auquel il pense. Sous l'effet de la constante surimposition d'entités physiques et d'ondes matérielles sur le corps psychique, les ondes mentales prenant, pour s'adapter, la forme d'ondes matérielles, forme ainsi une projection psychique plus grossière. Un tel psychisme, grossier, choisit [alors dans sa nouvelle vie], pour maintenir le parallélisme psycho-physique, une structure physique plus grossière que sa destination précédente. Ceci consistant à rebrousser le chemin de l'évolution, il s'agit d'évolution négative ou de contre-évolution.

Par cette évolution négative, le psychisme individuel peut faire un bond en arrière, c'est-à-dire que la structure physique peut, conformément au changement de longueur d'onde mentale, prendre la forme d'un arbre, d'un métazoaire peu développé ou encore d'un protozoaire ou même d'un objet inanimé comme une pierre, de l'or, de l'argent, etc. La structure mentale du capitaliste à l'esprit tourné vers l'argent peut se convertir en un billet de banque de son choix.

Même après ce rebroussement de chemin de la voie qu'il lui avait destinée, le Macrocosme, toujours miséricordieux, aide l'entité psychique qui a perdu sa faculté agissante [son moi] : sous les forces de la pression extérieure et de la friction interne, le chemin de l'évolution, autrement dit le mouvement de retour vers l'Esprit *(pratisaiñcara)*, repart. Le psychisme individuel recouvre son statut perdu. Cela peut cependant prendre des millions d'années jusqu'à ce qu'il se retrouve dans sa position précédente.

Le moi évolué de l'être humain ne lui permet pas seulement d'avoir l'opportunité de cheminer dans un sens contraire à l'évolution ; ce moi l'aide également dans son avancée vers l'Esprit *(puruṣottama)*. Dans la phase animée [du cycle de la création], l'imagination du grand nombre œuvre en harmonie avec celle du Très-Haut. Si, à ce stade de l'évolution, le psychisme individuel concentre ses capacités/son potentiel en une aspiration pour le Divin, l'Illimité, il peut accélérer grâce à cela son progrès, autrement dit son mouvement vers l'Esprit. Il peut progresser beaucoup plus rapidement que lorsqu'il était à l'étape où son substrat mental, étant sous une forme rudi-mentaire, n'avait pas développé de volonté propre [(de libre arbitre)] mais devait agir selon les désirs du Macrocosme.

Au cours de ce cheminement vers ce qui est au-delà de ce monde, le psychisme individuel ressent la présence de l'Esprit *(puruśottama)* se faire de plus en plus proche. Et tandis qu'ils se rapprochent l'un de l'autre, l'écart psychique entre l'Esprit reflété et l'écran où il se reflète [(la psyché individuelle)] diminue jusqu'à ce que les deux fusionnent. On appelle *yoga* cette union suprême du Très-Haut *(puruśottama)* avec la psy-ché individuelle.

Saṁyogo yoga ity ukto jiivátma-Paramátmanoh[1].

[Le yoga est l'union de l'être individuel et de l'Esprit.]

Suivant la poussée de l'évolution, le psychisme individuel poursuit son expansion sous l'effet du constant accroissement de la densité du reflet de la Source spirituelle. Le microcosme fait ici office de miroir. L'Esprit réfléchi est semblable au reflet des rayons du soleil en ce qu'en se réfléchissant sur le miroir du psychisme individuel, il s'y mêle également. Cette association transmet au psychisme individuel l'identité de leur nature. Ce reflet associant la Source spirituelle *(puruśottama)* au psychisme individuel induit alors en celui-ci le sentiment de l'immensité de son moi divin/universel, et conduit le moi indi-viduel, le microcosme, jusqu'au point culminant de son chemi-nement. Là, l'identité du psychisme individuel et du psychisme universel se pose, et cette association aboutit à l'unification du microcosme et du Macrocosme. C'est ce que l'on nomme la libération *(mukti)*.

Ainsi, si le sujet fini (le psychisme individuel) pose sa pen-sée sur le Sujet infini, le prend pour objet, cela conduit peu à peu à sa propre expansion, et ce psychisme élargi finit par

---

[1] *Ahirbudhnya-Saṁhitá* 31, 15 *(Tantra).* (ndt)

s'unifier à la Source spirituelle de l'univers *(Puruśottama)*. Ce stade n'est donc pas autre chose que la libération psychique.

L'une de nos théories psycho-philosophique s'applique ici : l'identité au niveau objectif entraîne celle au niveau subjectif. Par conséquent, quand l'objet du microcosme devient le Macrocosme, l'âme individuelle/l'être individuel *(jiivátman)* – la contrepartie sujet du microcosme – se transforme en la contrepartie sujet du Macrocosme, autrement dit le Très-Haut *(Puruśottama)*.

Le principe fondamental de notre abandon en Dieu par la méditation *(Iishvara prańidhána)*[1] repose sur cette théorie psychospirituelle.

28 mai 1959

---

[1] Une leçon de base de la pratique de méditation de l'Ánanda Márga. (ndt)

Appendice

L'enseignement de la méditation

Les enseignants spirituels de l'Ánanda Márga sont toujours prêts à enseigner, sans frais, la pratique de la méditation yoguique aux personnes sincères désireuses de la pratiquer.

L'enseignement spirituel yoguique de l'Ánanda Márga est transmis par des enseignants qualifiés. Cet enseignement, gradué, individuel, se complète d'une participation éventuelle à des stages et ateliers ainsi que d'un encouragement à s'impliquer dans la société et dans des activités associatives et humanitaires[1].

Pour une rencontre ou un renseignement contactez : Ánanda Márga Pracáraka Saṁgha. Voir les adresses p. 117.

---

[1] Les membres d'Ananda Marga ont d'ailleurs créé notamment l'association internationale AMURT, affiliée à l'ONU en tant qu'organisation non gouvernementale, qui œuvre dans le monde entier par des missions de développement et de secours, l'association PCAP de protection des animaux et des plantes, et Renaissance universelle et RAWA, associations respectivement d'intellectuels et d'artistes pour un renouveau dans une perspective ouverte, positive à long terme et élevante de leurs recherches et réalisations.

L'éthique yoguique
Yama Niyama

Yama :

La bienveillance (ne pas blesser ni nuire) *(Ahiṁsá)* :
Ne pas blesser ni nuire, par ses actes, ses pensées ou ses dires.

La vérité attentionnée *(Satya)* :
Avoir des paroles, des pensées et des actions justes, en gardant à l'esprit le bien d'autrui.

L'honnêteté *(Asteya)* :
S'abstenir de l'action comme du désir de prendre ce qui appartient à autrui ou de le priver de son dû.

Voir Dieu en tout et tous/La pratique de Dieu *(Brahmacarya)* :
Maintenir constamment sa pensée sur Dieu, le voyant en toute chose.

La simplicité de vie *(Aparigraha)* :
Refuser toute commodité qui ne soit pas essentielle.

Niyama :

La pureté mentale et la propreté *(Shaoca)* :
Cela comprend la propreté du corps et de l'environnement ainsi que la pureté de l'esprit. On peut rester pur mentalement en agissant avec bonté envers les créatures vivantes, en faisant preuve de charité, en aidant autrui et en agissant bien.

Le contentement *(Santośa)* :
C'est être content de ce que l'on a. Il est essentiel d'essayer d'être toujours joyeux.

Se sacrifier *(Tapah)* :
Vivre et rendre service à son prochain en prenant sur soi.

L'étude spirituelle *(Svádhyáya)* :
Étudier les textes et commentaires spirituels pour en comprendre le sens profond.

L'abandon en Dieu (la méditation)
   (Iishvara-prańidhána) :
S'immerger dans le flot spirituel et, pour cela, avoir ferme-
ment foi en Celui qui régit ce monde, dans le bonheur comme dans le malheur, et se penser comme son instrument dans
toutes les circonstances de la vie.

**La vie humaine est courte, c'est pourquoi il est sage de se
procurer toutes les instructions pour la pratique spirituelle
aussi tôt que possible.**

Pour une explication détaillée de l'éthique yoguique, lire *Un
Guide de conduite humaine, yama niyama, les principes
moraux et spirituels du yoga*, Éditions Ananda Marga, France,
2015.

Note

1. « ... La Terre tourne autour du Soleil ; assurément cela crée un son. Il n'est peut-être pas audible, vous ne pouvez peut-être pas l'entendre mais un son est créé. La Lune tourne autour de la Terre ; cela crée des ondes bien sûr, et à cause de ces ondes, des sons sont créés. Ils ne sont peut-être pas audibles, vous ne pouvez peut-être pas les entendre mais tout a un son. Si vous vous déplacez discrètement tout comme un chat qui veut attraper une souris, même là il y a du son. Partout il y a des ondes, partout il y a de la lumière aussi, même si vous ne pouvez pas la voir. »

« Racines acoustiques »
Ánanda Vacanámrtam Part 14 (Bábá in Taiwan)

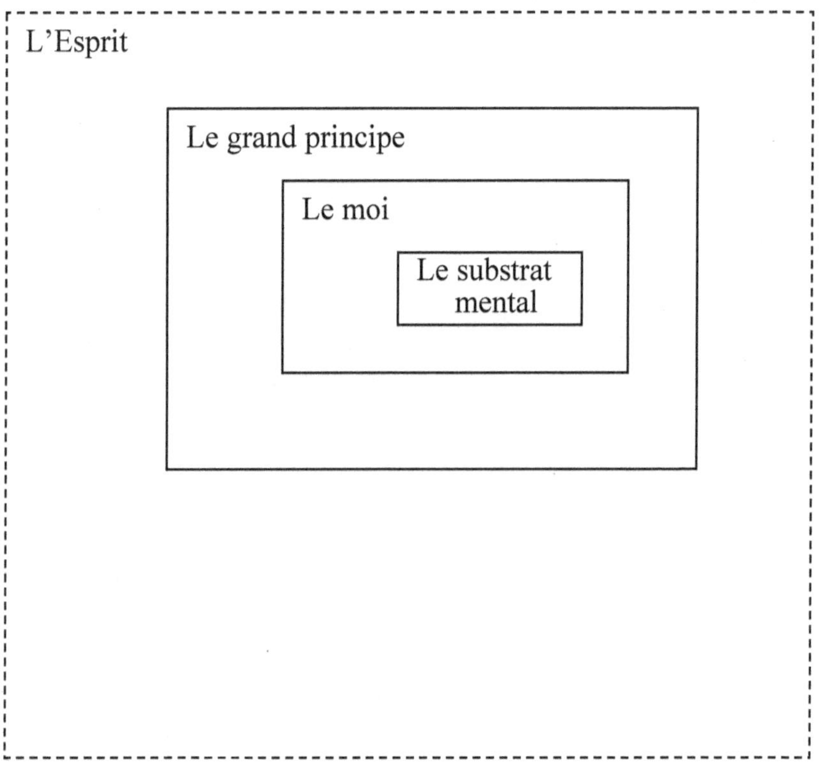

Transcription latine du bengali et du sanscrit

Nous avons utilisé la transcription de l'alphabet sanscrit *(saṁskrta)*, choisie et utilisée par l'auteur dans tous ses ouvrages depuis 1955, celle-ci permet aussi la transcription aisée et adaptée du bengali[1] et d'autres langues indiennes. Les lettres rétroflexes sont représentées par l'usage d'un accent aigu (et non par un point sous la lettre). La sifflante palatale par sh *(shiva)*. Les diphtongues longues par *ae* et *ao*, etc. *(caetanya, bhaotika, saiṇcara, puruśa, átmá, etc.[2])*

a, á, i, ii, u, ú, r, rr, lr, lrr, e, ae, o, ao ; aṁ, ah ;

ka, kha, ga, gha, uṇa,   (vélaires, dites gutturales en sanscrit)

ca, cha, ja, jha, iṇa,   (palatales)

ta, tha, da, dha, ńa,   (rétroflexes, dites « cérébrales » en sanscrit)

ta, tha, da, dha, na,   (dentales)

pa, pha, ba, bha, ma,   (labiales)

ya, ra, la, va, sha, śa, sa,   ha, kśa.

L'apostrophe ' désigne l'élision phonétique du *a (l'avagraha), aṇ* le *candrabindu/anunásika* (˘) des mots indiens.

Dans un mot sanskrit, entre deux voyelles, le *d* et le *dh* (ড/ड et ঢ/ढ en écriture bengalie/hindi) se prononcent, respectivement, *ŕ* et *ŕh ;* ces lettres, comme le *ya*, ne sont pas indépendantes. En bengali (langue au nombre particulièrement important de mots sanscrits)/hindi, nous écrivons alors ড়/ड़ et ঢ়/ढ़, que nous transcrivons *ŕ* et *ŕh.*

---

[1] Ce qui n'est pas le cas de la transcription occidentale. (ndt)

[2] Retranscrits *śiva, caitanya, bhautika, sañcara, puruṣa, ātmā* et *saṃskṛta* dans la transcription universitaire actuellement utilisée. (ndt)

Glossaire

active, activante ou mutatrice : *rajah*.
Âme universelle : *Bhúmácaetanya*
âme : *átmá, anucaetananya*.
consciente ou conscientisante : *sattva*.
Créateur : *saguṅa brahma*.
Dieu caractérisé/Dieu se manifestant, : *saguṅa brahma*.
Dieu transcendant/Dieu dénué de tout lien : *nirguṅa brahma*.
Dieu : *Brahma, saguṅa brahma, bhagaván*.
force naturante, force opératrice : *prakrti*.
force opératrice, force naturante : *prakrti*.
Force : *prakrti*.
grand principe/élément : *mahattattva*, voir à principe mental.
inertiant ou statique : *tamah*.
l'Esprit : *Caetanya, puruśa, citishakti*,
lien caractérisant : *guṅa, guṅabandhana*.
moi : *ahaṁtattva*
mutateur, mutatrice ou activante : *rajah*.
ondes des éléments : *tanmátra*.
principe mental/psychique : *buddhitattva* (= grand principe ou *mahattattva*)
psychisme : *mana(h)*
sentiment de je (pur ~) : voir principe mental.
statique ou inertiant : *tamah*.
substrat mental : *citta*.
tendance (de la Force) : *guṅa*.

aṅu : individualité, parcelle.
aṅucaetanya : âme.
Bhagaván : Dieu (créateur).
Bhúmácaetanya : l'Âme universelle, l'Âme totale, l'Esprit.
buddhitattva : principe mental/psychique ; voir à *mahattattva*.

Caetanya : signifie à la fois pur esprit et conscience (un peu comme le mot esprit en français qui désigne à la fois le pur esprit et le psychisme).

citta : « ce qui est pensé », substrat mental.

guńa : lien caractérisant, contrainte, tendance [de la Force].

mahattattva : grand principe/élément ; voir à *buddhitattva*.

mukta puruśa : être libéré, être libre, entité libre.

Prakrti : force opératrice, force naturante.

pratisaińcara : l'évolution, ou retour de la manifestation (en l'Esprit), voir p. 53 et suiv. et le schéma.

Puruśa : l'Esprit, parfois entité, rarement homme.

rajah : active, activante ou mutatrice.

saińcara : la manifestation, voir p. 53 et suiv. et schéma.

sattva : consciente ou conscientisante.

tamah : statique ou inertiant.

Ouvrages de l'auteur

L'auteur, philosophe, philologue, historien des religions et maître de yoga, a écrit de nombreux livres sur les sujets spirituels :

Notamment une série[1] sur les textes de la tradition spirituelle indienne, en particulier les Oupanishads, comprenant :

- *Sublime Spiritualité,*

une présentation des bases ontologiques et cosmologiques dans la philosophie indienne ainsi que des textes de la tradition de la *bhakti* ;

Suivie de volumes commentant les Oupanishads majeures, commentaires dont les éditions françaises comprennent la traduction française directe du texte sanscrit de l'oupanishad, cité par l'auteur :

- *La Science sacrée des Védas vol. I*

(Îshâ, Prashna, Muńdaka, Páshupata Brahma, Kaevalya, Nrsimha Tápaniiya[2] Oupanishads)

- *La Spiritualité de la Katha Oupanishad*

- *L'Enseignement philosophique et spirituel de la Shwetâshwatara Oupanishad*

- etc.[1]

Ainsi qu'une série de courts ouvrages commentant des versets phares de la tradition spirituelle de l'Inde :

- *Nectar de l'Enseignement spirituel, tome 1*

- *Nectar de l'Enseignement spirituel, tome 2*

- etc.[3]

---

[1] La série *Subháśita Samgraha*, qui a au moins vingt-six volumes en bengali et qui est reprise dans la série *L'idéologie spirituelle et de vie de l'Ánanda Márga*. (ndt)

[2] Une « version » élargie de la *Máńdúkya* Upanishad. (ndt)

[3] Trente-quatre tomes sont disponibles en langues indiennes. (ndt)

Un ouvrage sur la vie et l'enseignement de Krishna au regard de la philosophie :

- *Namámi Krśńa Sundaram (Je salue la Splendeur de Krishna)*

Une somme sur Shiva, présentation à la fois de l'aspect historique, incluant les courants religieux jusqu'à aujourd'hui, de l'essentiel de l'enseignement de Shiva, de son rapport aux courants traditionnels philosophiques indiens, et des hymnes traditionnels à Shiva :

- *Namah Shiváya Shántáya (Mes hommages à Shiva le Tranquille)*

Un précis philosophique :

- *Ánanda Sútram*, résumant en aphorismes sanscrits (et en cinq chapitres) l'essentiel de la philosophie spirituelle et sociale de l'auteur.

L'auteur a en effet également écrit, sous son nom civil Prabhat Ranjan Sarkar, de nombreux ouvrages de philosophie politique et sociale – il est notamment l'auteur de la théorie socio-politique de l'Utilisation progressiste – la Tup, connue en anglais sous le nom de Praot *(Prout)*, qui propose une société équitable, spirituelle, progressiste et néohumaniste ; et l'essai *Libérer l'intellect, pour un Nouvel Humanisme* – ainsi qu'une encyclopédie, un dictionnaire et plusieurs ouvrages de philologie en bengali, etc. :

Histoire de la spiritualité :	*Béatitude, philosophie*
Discourses on Mahábhárata	*élémentaire*
Namámi Krśńa Sundaram	*Idea and Ideology*
Namah Shiváya Shántáya	*La Faculté de connaître*
Philosophie :	*Namámi Krśńa Sundaram*
Ánanda Sútram (Précis	*(Je salue la Splendeur de*
philosophique)	*Krishna)*
L'Ánanda Márga, le Chemin	**Morale :**
jusqu'au Royaume de la	*Un Guide de conduite*
	humaine – yama niyama,

les principes moraux et spirituels du yoga
Traité social :
Manuel pratique de l'Ánanda Márga, tomes 1 à 3 (Ánanda Márga Caryácarya)
Hygiène et santé :
Se soigner par le yoga
Science et connaissance ésotérique :
Pramá, Les Microvita, etc.
Politique et social
La Vision de la Théorie de l'Utilisation progressiste (recueil)
To the Patriots
Problèmes d'aujourd'hui
La Société humaine (2 vol.)
Prout in a nutshell (v. 1 à 21)
Civilisation :
Sabhyatár Ádibindu - Rárh (Rárh: the starting point of civilisation)
Essais :
Abhimata (8 volumes)
Libérer l'intellect, pour un Nouvel humanisme
Philologie :
Varńa Vijińána (Science of languages)

Varńa Vicitrá (Variety on Letters) (8 volumes)
Dictionnaire :
Laghu Nirukta
Encyclopédie :
Shabda Cayaniká (26 vol.) (inachevée)
Ideal Farming
Animals and birds – our neighbours
Chants et poésies :
Prabháta Saḿgiita (165 vol.)
Histoires :
Galpa Saincayana (12 vol.)
Littérature enfantine :
Le Lotus d'or de la mer Bleue (illustré pleine page)
Under the fathomless depths of the blue sea
In the land of Hatťamálá
Táŕá Bándhá Chaŕá
Nútan Varńa Paricay
Recueils de textes :
Une promenade spirituelle en ce monde
Aspects avancés de la psychologie du yoga,
Neohumanism in a nutshell
A Few Problems solved

Etc.

Vous trouverez une récapitulation des ouvrages de l'auteur disponibles en français ainsi qu'où les trouver sur la page :
http://anandamarga.free/livres.htm   consultez aussi
https://ananda-marga.monsite-orange.fr

Adresses

Sur Internet : http://anandamarga.free.fr
https://ananda-marga.monsite-orange.fr
www.anandamarga.fr
http://www.anandamarga.eu (en anglais)
https://www.anandamarga.org (en anglais)

Pour une rencontre ou un renseignement :
En **France**, écrivez à : Ánanda Márga Pracáraka Saḿgha, chez
M. Botrel, 1 rue André Chénier, 91000 Évry
Ou par mél à o.caujolle@laposte.net
Ou anandamarga@free.fr ou neohumanismo@yahoo.es
En **Europe** : Ánanda Márga Pracáraka Saḿgha,
Weisenauer Weg 4,
D-55129 Mainz, Allemagne,
tél : 00 - 49 6131-834262
mél : sosberlin@anandamarga.eu
ou   europe@anandamarga.org

En **Afrique** : contactez le centre d'Ananda Marga du
Burkina Faso : Ananda Marga
01BP 3665 Ouagadougou 01, Burkina Faso
Tél: + 226 25375592 / 70255808 Mél: amurtbf@gmail.com

Île Maurice : ravirambujoo@intnet.mu
tél. 00 230 6179709

Madagascar : Tananarive :
Mél : somiirserge@gmail.com, tél : 00 261 330774652.

Haïti : Ananda Marga, Inobert Pierre 12, Rue E. Guello,
Fond des Blancs, Haiti, WI 8312
Mél : inobert@yahoo.fr   Tél: +509 42 93 65 17
Mél : demeter@desprihaiti.org

Amurtel/Ananda Marga, Rue Garnier, Impasse Dumond 10a, Bourdon, Port au Prince, Haïti. Tél. 00 509 38132828

Canada : Ananda Marga Master Unit Canada
　　　　　323 Rang St-Louis, St-André-Avellin
　　　　　(Québec) J0V1W0 Canada,
tél (mobile) : 00 1 613 322 6663
Montréal : tél (mobile) : 00 1 514-806-4426
mél : dayashiilananda@gmail.com

États-Unis :
Ananda Marga Center, 149-02 Melbourne Avenue,
Flushing, New-york 11367 (USA)
tél : (00-1-)718-8981603
mél : sosny@anandamarga.us,
http://ampsnys.org

Etc.

Table des illustrations

Table des matières analytique

www.ingramcontent.com/pod-product-compliance
Lightning Source LLC
LaVergne TN
LVHW091720190726
843493LV00001B/378